ちくま新書

反「人権」宣言

八木秀次
Yagi Hidetsugu

298

反「人権」宣言【目次】

はじめに

今日、多くの人びとは「人権」という言葉に魅入られ、真っ当な判断能力を麻痺させられている。私はこれから、人びとが「人権」の呪縛から解き放たれるための手掛かりを提供しようと思う。

人びとが「人権」に呪縛されているというのは、たとえばこういうことだ。「人権」は教師たちの手足を縛り、学校を教育の場として正常化することを思い止まらせている。

数年前、栃木県黒磯市の市立中学校で、授業の休憩時間、一年生の男子生徒が女性教師に、廊下で突然ナイフで襲いかかり刺殺するという事件が起こった。そしてこれを皮切りに、まるで堰を切ったかのように、全国各地でナイフやエアガンを使った子供たちによる殺傷事件——しかもその多くが学校内で起きる——が頻発した。

しかし、そのとき、一連の事件への対応をめぐって奇妙な事態が発生した。このとき、父母たちをはじめ多くの国民が望んだのは学校に秩序を回復させ、とにかく教育の場として正常化することだった。そして、その一つの方策として、学校に不必要なナイフやエアガンを持ってきてはいけないことを子供たちに指し示すべく、緊急避難として学校で生徒たちの所持品検査をしようという意見が唱えられ、多くの人びとがこれを支持した。

しかし、いざ持ち物検査を実施しようとしたとき、マスコミや教育評論家、そして「人権派」といわれる人びとから一斉に、所持品検査は「生徒のプライバシーを侵害する。子供の人権を守れ」という反対意見が主張され、学校現場もこれに屈するか同調して、結局、それは実施されないままに終った。

事件が頻発している最中、ある新聞の特集記事で、神奈川県の私立中学・高校の教師の体験が紹介された。

この教師の勤める学校でも、校内でナイフを見ることは少なくない。あるとき、生徒との間で次のような会話があったという。

「『危ないよ、どうしてそんなもの持ってるの?』『別に。ロープ切ったりとかするだけだし』チャッと音を立ててバタフライナイフが開いた。『それ、こわいよ、持ってくるのやめてよ』『おれが何かすると疑ってるわけ? それって人権侵害じゃん』」(『朝日新聞』一九九八年二月三日付)

これで生徒とのやりとりは途絶えた。この教師は「人権……。教員は、この言葉にどれほど困っていることか」と嘆息したと、この記事は伝えている。

つまりこの教師は「人権」という言葉を聞いて是非もなくひるんだのである。この例を含めて、多くの教師たちは「人権」という言葉を聞くと、つい及び腰になる。教師たちはこの言葉に困惑している。そして生徒たちはそこをうまく突いてくる……。

今日、「人権」という言葉は、それが突きつけられると皆、及び腰になる、あたかも水戸黄門の印籠のように、口にしさえすれば、誰もが押し黙ってしまう、あるいは思考停止してしまう、神聖で冒すべからざる言葉として流通している。

このときも、教師たちは生徒の所持品検査の是非をめぐって、「人権」の影に怯えたのである。

実際、ナイフ事件の現場となった中学校でも所持品検査はしなかった。理由は「人権上の問題がある」ということだった。

事件前に学校側は生徒の間でナイフが流行し、校内に持ち込まれているのも承知していた。学校側は朝会で生徒たちに口頭でナイフを持ち込まないよう注意したり、保護者向けの学年だよりで注意を促すなどしていた。しかし、所持品検査はしなかった。その唯一の理由が「人権上の問題がある」ということだった。

学校側は在校生が教師を刺殺するという凶行に及んでも、やはり「人権」を理由に所持品検査をためらったのである。

その他の学校も同様だった。教育現場全体として所持品検査に及び腰の姿勢を示したのである。

そのとき、町村信孝文部大臣（当時）は、閣議後の記者会見（平成十年一月三十日）で「盛んに「子どもの人権」と言われる中で、学校現場は臆病すぎるのではないか。何で（ナイフを）学校に持ち込む必要があるのか」と、所持品検査の実施を含めて各学校に毅然とした生徒指導のあり方を求めた。

しかしながら教育現場では、やはり「人権上の問題がある」「生徒のプライバシーの侵害にあたる」として、所持品検査をする学校は少数に止まった。産経新聞社がこのころ行なったアンケートによると、全国一〇七中学校のうち、所持品検査を実施する考えのある学校は四割に止まっている（『産経新聞』一九九八年二月七日付）。

実際、その後も子供たちによるナイフやエアガンを使った事件は引き続き起こり、いくつかの尊い生命が失われたにもかかわらず、である。

こういった教育現場の対応に多くの人たちは大きな違和感を覚えた。むしろ町村文部大臣の発言や所持品検査の実施を主張した人びとの意見に賛意を示した。

もちろん多くの人は、日常的に所持品検査を実施することを求めたわけではない。子供たちによる事件の頻発という緊急事態を前に、大人社会が毅然として子供たちに「NO」

のメッセージを発すべく、所持品検査の実施を求めたのである。一説に〝学校の常識は世間の非常識〟と言われる。まさに「人権」に怯える教育現場の対応はこのことを象徴するものだった。

この事件に限らず、今日、多くの人は「人権」が持ち出される場面に出くわした際、「人権」の影に怯えながらも、同時に、どこかしら違和感を覚える場合が多いのではないか。それは単なるわがまま勝手な要求や主張が「人権」の名の下に行なわれ、正当化されているという印象を持つからであろう。しかし、私に言わせれば、この違和感こそ重要なのであり、そこには十分な根拠があるのである。

我が国で「人権」という言葉が一般化したのは、そう古いことではない。一般化したのは、何より現行の日本国憲法が基本原理として、「基本的人権の尊重」(前文・第一一条・第九七条)を掲げているからである。もっとも憲法の規定の大本は、ポツダム宣言の「言論、宗教及思想の自由並に基本的人権の尊重は、確立せらるべし」(第一〇項)という文言にあるのだが、何れにせよ、現在の憲法体制のもとで「人権」という言葉が普及していったのである。

日本人の多くは「人権」という言葉を極めて好意的に理解している。たとえば、「山川草木悉有仏性」「一寸の虫にも五分の魂」という表現に象徴されるような、「生きとし生けるものに対する深い慈愛の念」くらいに理解している。日本人の宗教観に基づいた生命に対する慈しみの情を「人権」に重ね合わせようとしているのである。また天皇が国民のことを「大御宝《おおみたから》」と呼び、国民相互も一人一人を大切にしてきた歴史を反映して、その思いを「人権」という言葉の中に読み取ろうとしている。

しかし、それは〝麗しい誤解〟と言うべきものである。「人権」は本来、そのような日本人的感覚とは全く異質のものなのである。何より我々は「人権」がもともと西洋出自の翻訳語であることに改めて思いを致す必要がある。

「人権」とは、端的に言えば「人間の権利」のことである。「人権」に相当する英語は「ヒューマン・ライツ」ないしは「ライト・オブ・マン」である。しかし、この「ヒューマン・ライツ」「ライト・オブ・マン」には、特別の意味が込められている。

西洋でもかつては、「人権」という表現は一般的ではなかった。「人権」という概念が確立する前には「古来の自由と権利」と称していた。その国に古くから伝えられた自由と権利であり、固有の歴史や文化のなかに生まれ、それを背負っていく人びとの自由と権利という意味である。あるいはキリスト教的発想に基づいたいわゆる天賦人権論、つまり権利は神が人間に与えたもうたものと理解されていた。

それが、今日のように「人権」すなわち「「人間」の権利」と称されるようになったのは、近代の啓蒙主義の発想によってそのような歴史や文化を否定し、自由と権利の根拠としての神をも否定して、まったく抽象的で無機質な「人間」というものを想定したことによる。

このことの意義はおいおい語っていくが、つまり「人権」という言葉が示しているのは、いかなる共同体にも属さず、歴史も文化も持たない、また宗教も持たない、まったくのアトム（原子）としての「個人」という人間観、人間像なのである。あえて「「人間」の権利」と表記するのはそのためである。

その意味では「生きとし生けるものに対する深い慈愛」という日本的な「人権」理解は、まったくもって〝麗しい誤解〟と言うほかはない。もちろん私は「生きとし生けるものに対する深い慈愛」という意味で使われているような日本的な「人権」観まで否定するつもりはない。私がこれから明らかにしたいのは「人権」という概念のイデオロギー性についてである。

「人権」という言葉が本来持っているイデオロギー性が理解されれば、多くの人びとが率直なところ「人権」に覚えている違和感も根拠のあることが分ってくるだろう。「人権」に対する接し方も分ってくるだろう。

第一部「人権」という考えはどう作られたか

1 「権利」はいつ生まれたか

†『権利のための闘争』について

さきに「人権」とは「「人間」の権利」のことであり、それはひとつの特殊なイデオロギーであると述べた。「人権」のイデオロギーを明らかにするためには「人権」すなわち「「人間」の権利」という概念が確立するまでの「権利」の概念の歴史を振り返ってみる必要がある。

もちろん、「人権」も「権利」も西洋出自の概念である。自ずと話は西洋における「権利」概念の歴史が中心となる。

古代ローマの歴史家タキトゥスの代表作『ゲルマーニア』の中に、「権利」という概念の原意を知るうえで大変興味深い記述がある。『ゲルマーニア』はタキトゥスが紀元一世紀ころの、現在のヨーロッパの主要部分に当たる、当時ゲルマーニア（ゲルマン）と言われていた地域の風土や人びとの生活・習俗について書いた民族誌である。

そこにゲルマンの土地はもともと非常に痩せていること、そして土地が痩せているということがゲルマン人をして戦闘的な性格にしたことが指摘されている。

「人あって、もし彼らに地を耕し、年々の収穫を期待することを説くなら、これ却って、敵に挑んで、〔栄誉の〕負傷《いたで》を蒙ることを勧めるほど容易ではないことを、ただちに悟るであろう。まことに、血をもって贖《あがな》いうるものを、あえて額《ひたい》に汗して獲得するのは懶《らん》惰《だ》であり、無能であるとさえ、彼らは考えているのである」（泉井久之助訳、岩波文庫、一九七九年）

つまり、額に汗して畑を耕し、そこから農作物を得ることよりも、他所を侵略し、戦争をして物品を奪ったほうが豊かな暮らしができるのだ、とゲルマン人たちは考えていたというのである。こういう風土からくる〝闘争的〟な性格がもともとヨーロッパの人びとにはある。我々はまずこのことを念頭に置いておきたい。

実はヨーロッパ人の有する、この〝闘争的〟な性格こそが「権利」という概念を生んだのである。このことを十九世紀後半のドイツで活躍した法学者ルドルフ・イェーリングは『権利のための闘争』（一八七二）のなかで、「権利＝法の生命は闘争である」と的確に語っている。

「権利＝法の生命は闘争である。諸国民の闘争、国家権力の闘争、諸身分の闘争、諸個人の闘争である。／世界中のすべての権利＝法は闘い取られたものである。（中略）権利＝法は、単なる思想ではなく、生き生きとした力なのである。だからこそ、片手に権利＝法を量るための秤《はかり》をもつ正義の女神は、もう一方の手で権利＝法を貫くための剣《つるぎ》を握っているのだ。秤を伴わない剣は裸の実力を、剣を伴わない秤は権利＝法の無力を意味する。二つの要素は表裏一体をなすべきものであり、正義の女神が剣をとる力と、秤を操る技とのバランスがとれている場合にのみ、完全な権利＝法状態が実現されることになる」（村上淳一訳、岩波文庫、一九八二年）

ドイツ語で「権利」「法」を表す言葉は「正義」「正しさ」を意味する「レヒト」(Recht)である。「権利＝法」は「正義」であり、「正義」は闘争の産物だ、闘い取ったものだ、勝ち取ったものだ、「正しさ」は闘争の末に力で勝ち取ったものだ、とイェーリングは述べているのである。

ここでタキトゥスやイェーリングのことを持ち出したのは、「権利」という概念にはもともと、このような「正しさ」を力で勝ち取るという〝闘争の論理〟が内包されていることを承知しておくべきだと言いたいためである。

『権利のための闘争』は今日、日本人が再読すべき本の一つでもある。この本はウィーン大学教授を務めていたイェーリングが同大学で行なった講演録がもとになっている。ちょうどオーストリアが普墺戦争（一八六六）でプロシアに敗れた直後のことである。

イェーリングは講演のなかでオーストリア人とイギリス人の相違の問題に言及する。当時イギリスは隆盛を極めていた。では、なぜイギリスやイギリス人はそんなに勢いがあるのか。これに対してイェーリングは、イギリス人は権利意識が強いからだ、と言ってのける。

イェーリングは権利の問題、権利感覚の問題は「全く品格の問題である。ある人間または国民が権利を侵害されたときにとる態度は、その品格の最も確かな試金石である」と述べ、イギリス人とオーストリア人とを比較していく。

「イギリス人旅行者は、宿屋の主人や雇《やと》われ馭者《ぎょしゃ》が高い代金を吹っ掛けようものなら、まるでイギリス古来の権利を守るかのように断乎としてこれに立ち向かい、必要とあらば出発を延ばして何日も同じ町に逗留《とうりゅう》し、そのために、実は自分が払うことを拒否している額の十倍もの金を費やすものだ。（中略）実は、イギリス人が守ろうとするわずか二、三グルデンの金には、本当に昔ながらのイギリスが含まれているのである。だからこそ、祖国イギリスでは誰でもかれを理解し、したがって気軽に高い代金を吹っ掛けてやろうなどとは思わないのだ」（同右）

このようにイギリス人は自らの権利が侵されていることを自らの人格、人間としての品格が侵されている、踏みにじられていると感じて、断乎としてこれに闘いを挑むというのである。

これに対してオーストリア人はどうか。このイギリス人と同じような地位・財産を持つオーストリア人が同じ状況に立ったとき、どのように振る舞うだろうか。イェーリングは百人のオーストリア人のうちイギリス人のように振る舞うのは十人もいないだろうと言う。大多数のオーストリア人は面倒な紛争が始まるのを嫌がったり、世間の目を気にして言い値通りに支払う。「しかし」とイェーリングはいう。

「イギリス人が支払いを拒否し、オーストリア人が支払うこの端金《はしたがね》には、普通考えられるよりも多くのものが含まれている。すなわちその中には、イギリスないしオーストリアの一片、何世紀にも及ぶそれぞれの政治的発展と社会生活が刻まれているのだ」(同右)オーストリア人は高い代金を吹っ掛けられても言い値通りに支払う。しかし、この争いや闘争を避けるという姿勢、「権利=正義」を闘い取るという意識がないこと、これこそがオーストリアをして敗戦に導いたのだといっているのである。

「かれ(イギリス人)が頑強に争う端金《はしたがね》の中にはイギリスの政治的発展が刻み込まれているのだ。国民の一人ひとりが軽少なことについても自己の権利を勇ましく主張するとすれば、そのような国民の全体から一番大切なものを奪い取ろうなどと考える者はいな

いだろう」(同右)

イェーリングはイギリスの強さの背景には、イギリス人一人ひとりが持つ〝闘争の姿勢〟があると指摘している。「権利を持たない人間は獣に成り下がってしまう」とも述べるイェーリングはここで、オーストリアが「獣」の地位から立ち上がり、国際社会の中で一人前の人間になるべくオーストリア人を鼓舞しているのである。

当時のオーストリア人の姿は今日の日本人の姿でもある。日本人は本来、オーストリア人と同じく、闘争は好まない。しかし、この闘争を好まない民族が外交をせざるを得ないのが国際社会である。言うまでもなく、外交や国際関係はまさにイギリス人の論理や感覚で成り立っている。

今日、日本人は、まさに当時のオーストリア人の感覚で外交をやっている。北方四島や尖閣諸島、竹島などの領土問題、あるいは外国の不審船による領海侵犯問題、これらに対応する日本政府の姿勢は、我が国の立場を諸外国に強く主張するというよりは、ただただ争いごとは避けたいという姿勢で貫かれている。また謝罪外交と揶揄される近隣諸国に対する昨今の我が国政府の姿勢も同様である。今日の日本人は、イェーリングの言うイギリス人の姿勢に見習うべきである。

†ヨーロッパ人の権利感覚

しかし、ここで私が言いたいのは、そのような外交姿勢のことではない。ヨーロッパの「権利」という感覚のなかに、このような自らの存在をかけてでも「正しさ」を闘い取るという、強烈な〝闘争の論理〟があるということを知るべきだということなのである。

イェーリングは「誰もが社会の利益のために権利を主張すべき生まれながらの戦士なのだ」とも述べている。お互いに自己の利益を主張し合うことによって、結果として社会正義が実現されるのだという意味である。それにしても、誰もが権利を主張すべき生まれながらの「戦士」であるという表現は含蓄があっておもしろい。

イェーリングは『権利のための闘争』の最後の部分に、あらためてこう書き記している。

「闘争の要素は、権利＝法の最も本質的な、永遠の内在的要素なのである。闘争は権利＝法の永遠の仕事である。労働がなければ財産がないように、闘争がなければ権利＝法はない。「額に汗して汝のパンを摂れ」という命題が真実であるのと同様に、「闘争において汝の権利＝法を見出せ」という命題も真実である。権利＝法が闘争の用意をやめた瞬間から、それは自分自身を放棄することになる」（同右、傍点原文）

まさに闘争こそが権利の最も本質的な要素であると指摘するのである。

イェーリングが指摘したような「正しさ」は闘って勝ち取るものだというヨーロッパ人の感覚と、日本人の伝統的な感覚との間には大きな懸隔がある。日本人は、「正しさ」は互いの主張を戦わせて、その結果として生まれるものだとは考えていない。「正しさ」は人の踏み行なうべき道として昔より定まっているものと考えているか、他との協調の中に生まれるものだと理解している。

こうした「権利」という概念に本来的に内包される〝闘争の論理〟にこそ、日本人一般の「人権」に対する違和感の根源があると考えてよいだろう。稲作を中心とする農耕社会を基盤とする日本では他との協調を重視し、争い事や自己主張を嫌う。日本人の多くは「権利」「権利」と叫んで自己利益の実現を主張する姿勢に違和感を覚える。

かつて北海道の小学校の教室に「自分の不利益には黙っていない」という標語が掲げられていたというが、この標語にはいみじくも「権利」という概念に内包される〝闘争の論理〟が率直に表現されている。

些細な不利益、もはや不利益ともいえないような不利益にも黙っていない、自分の利益を勝ち取るぞという姿勢がこの標語には読み取れる。たとえ低次元の幼稚な欲望であっても、それが制せられるや「人権侵害」の声を挙げ、実現をはかろうとする姿勢である。

しかし、「正しさ」を無理にでも勝ち取ろうというこの〝闘争の姿勢〟に日本人の多くは違和感を覚えるのである。多くの人が「人権」に抱く違和感の根拠は、第一には「権利」という概念が本来的に有する闘争性にあると言えよう。

以上、「権利」という概念が本来的に有する〝闘争の論理〟を確認したところで、次にヨーロッパの「権利」の歴史を振り返ってみたい。

かつて「権利」というものは、今日のように、憲法の何条で保障されているものだとか、法律の何条で保障されているといった類いのものではなかった。ヨーロッパにはそれ以前に長い、文字に書かれざる不文の法の歴史があり、権利もまた不文のものと考えられてきた。

ヨーロッパの中世（ここではさしあたり紀元六世紀ころから十六世紀ころまでを想定している）もしくはそれ以前には、法は「古き良き法」と考えられた。

「法」は何より古くからの慣習であり、長老や信頼しうる人びとの記憶によって証明された記憶しえないほど太古からの伝承、「父祖の法」であると考えられた。法は古ければ古いほどよく、昔からそうだったということがその法の正しさ、良さを証明しもしていた。「古き法」が真の法であり、真の法は古きものであると考えられた。「古さ」は単に時間的に古いことを意味するのではなく、「良い」という一つの質の表示でもあったのである。

古くから今日に至るまで存在するということは、その時間のなかに幾世代もの数えきれないほどたくさんの人たちが存在し、その人たちが後の世代に伝えてきたということを示す。次の世代に伝えるだけの意味のないものと判断されたものは、その時点で切り捨てられ、伝える価値あるものだけが伝えられた。それぞれの世代が取捨選択しながら幾世代もかけて洗練していった。古くから存在するものはそのようなものである。その意味では「古さ」は、そのまま「良さ」の証明でもあった。

この理屈は古典文学というものを考えてみればよくわかる。紙が貴重で印刷技術がなかった時代、本は羊皮紙にペンで書き写したものだった。後の世代に伝えようと思えば、それだけ金と労力がかかった。金と労力をかけても後の世代に伝えるだけの意味あるものと判断されたものだけが残されていった。それが古典というものである。

法を「古き良き法」と考える発想は中世以前の「ゲルマン古代」と呼ばれる時代にも、さかのぼれば古代ギリシアにも広く見出された。

古代ギリシアでは「すべての法が基本的に古いものとして、たんに祖先からの遺産としてではなく、最も遠い祖先である神々からの遺産」と考えられていた（B・A・ヴァン・フローニンゲン『過去からの発想――ギリシア思想の一つの相についてのエッセー』、野口杏子他訳、未来社、一九八八年）。法を祖先からの伝来物とみなす発想は人類の歴史のなかで長い間、支配的なものであったようである。

中世の社会では何か問題が生じたとき、それを解決しようと長老たちが集まった。昔、同じような問題が起きたとき、どのようにして解決していたのかが代々語り継がれており、長老たちは先例にしたがって解決法を見出していった。

疑問が生じたときに備えて、また、記憶の補助手段として、文字に書かれた法（成文法）を作ることもあった。「文書」「部族法典」「法書」と言われるものがそれである。しかし、これらの成文法とは別に、やはり生きた法感情ないしは口頭で伝承された法というものがその上位に存在していると考えられた。そして、これのみが法の全体を形成しているものと考えられた。成文法はあくまで記録された慣習法に過ぎず、法の全体は共同体（具体的には長老たち）の胸中にのみ存すると考えられていた。

中世においても、実際には毎日新しい法を作ってはいた。新しい案件が生じて現行法（成文・不文を問わず）が存在しない場合には新しい法が作られた。しかし中世の考えでは、この新しい法もまた「古き良き法」の一部であり、法の改新や改革はあくまで「古き良き法」の再興であり、曇らされ侵されていた「古き良き法」の回復であると理解されていた。「人びとは、理論的には復古することによって、改革をおこなった」（フリッツ・ケルン『中世の法と国制』世良晃志郎訳、創文社、一九六八年）のである。

中世は「古き良き法」の理念の下に硬直し停滞していたわけではない。「古き良き法」

の理念の下においても柔軟に発展していた。その意味では中世は改革を忌避していた時代ではない。重要なのは改革は「祖先から受け継いだもの」への尊敬の念をもって行なわれ、また、その再興のためにこそなされるものだと考えられていたということである。

†「古き良き法」

中世はまた、あらゆる人間の上に「法」が存在すると考えていた。たとえ君主であっても「法」に制約されることは、誰もが疑わない共通の認識であった。むしろ「法（rectum）を尊重しない者は王（rex）たることをやめる」という法諺が示すように、「古き良き法」を尊重しない者は君主たり得ず、君主は「法」を破壊することによって、それだけでその支配権を喪失した。「法」の破壊は自分自身を罷免することでもあった。

人民の側からいえば、「法」を遵守する君主には服従しなければならないが、「法」を破る「暴君」に対してはその必要はなかった。むしろ「暴君」に抵抗・反抗することは人民の権利であると同時に義務でもあった。

中世において人民の君主に対する抵抗・反抗は、決して自分たちの意思が君主によって汲み取られなかったり、自分たちの意思に反した統治が行なわれたというところから発するものではない。君主と人民とは「支配―服従」の契約関係ではなく、「法」を接点として結びついた関係であった。

人民もまた「法」の下にあり、その制約を受けるというのが中世の考えである。「法」とは、人民がその多数意思によって破ったり変更したりすることのできない性質のものである。中世の「法」の支配は少なくとも観念上は絶対的であり、君主と人民とが示し合わせて、「法」を破壊することに合意するということなぞ考えられないことであった。

中世の君主と人民との関係は「法」を接点としたものであり、両者は祖先伝来の「古き良き法」を遵守するか否かをお互いの誠実さを測る指標としていた。君主と人民とはともに「法」の下に位置づけられ、その制約を受けているのだとの認識の下で、君主は人民に対して、また人民は君主に対して、ともに「法」に対する誠実さを義務づけていたのである。

「法」に対する誠実さを自ら破った者は、他人に対して誠実さを要求する権利を失うというのが中世の観念でもあった。「法」を遵守しない君主は「相互的誠実」を破ったがゆえに人民から直ちに「暴君」と見なされ、支配の正当性を失うことになる。「暴君」に対する抵抗・反抗は彼が遵守しない「古き良き法」の回復のためにこそ行なわれるものであり、再び祖先伝来の「古き良き法」の支配に戻るためにこそ抵抗・反抗が行なわれたのである。

中世の「古き良き法」の支配はこのように絶対的なものであった。祖先伝来の「法」すなわち歴史の試練を経て生成された正義感覚に君主も人民も誰もが従っていたのである。その意味では中世の君主は絶対君主ではあり得なかった。

「古き良き法」の観念はヨーロッパ全域に見られた。たとえば人権宣言の嚆矢とされるイギリスのマグナカルタ（一二一五）も「古き良き法」の発想に基づいているものである。

マグナカルタは封建諸公とのあいだに結んでいた封建契約を破った国王ジョンに対して諸公が要求を突きつけ、戦いの末に受け入れさせた全六十三カ条からなる具体的要求の確認文書である。諸公は「古き良き法」を遵守しない国王に戦いを挑んだのである。

マグナカルタの根拠になったものにコンラッド二世の封建法（一〇三七）というものがある。この封建法もまた、国王コンラッド二世が封建諸公とのあいだで交わした封建契約で、「古き良き法」「古き良き権利」を確認したものだった。これをジョン王が破ったことがマグナカルタ制定の原因だった。マグナカルタは「古き良き法」「古き良き権利」の回復であり、確認だったのである。

「古き良き法」「古き良き権利」という発想は、その後も長い間ヨーロッパで一般的なものであった。イギリスでは一六二八年、議会がスチュアート朝の国王チャールズ一世に議会の承認なしに租税を徴収しないこと、国民を法律によらずに逮捕しないことなどを内容とする「権利の請願」を行なったが、これがまた「古き良き法」「古き良き権利」を回復させる行為だった。

「権利の請願」がなされた背景には、スチュアート朝がスコットランドから来た王朝で、国王たちもイングランドの歴史や法慣行に詳しくなく、しかもスコットランドで反王党派からの反逆を受けて少々精神的に卑屈になっていたこともあって、イングランドの法慣行を無視した政治をしていたという事情があった。

「権利の請願」を執筆したのは当時の大法官エドワード・クックという人物である（クックについては安藤高行『近代イギリス憲法思想史研究』お茶の水書房、一九八三年を参照）。クックにとって「権利の請願」執筆の目的とは、何よりイングランドの「古き良き権利」を回復し確認することにあった。クックはその際、マグナカルタを含めて「古き良き法」の性格を次のように説明した。

コモンロー（イギリス流の「古き良き法」）はイギリスではノルマン征服以前から存在し、以後も連続して実行されてきた古来の慣行についての「長年の研究、観察及び経験によって得られる理性の人為的完成」である。

コモンローはこれによって紛争が正当かつ公平に判断される物差しであり、他に類例を見ないほど臣民の財産、妻、子、身体、名声、生命等をよく保証する最良の生得権でもある。記憶や記録を超えるほど古い起源を持ち、マグナカルタをはじめとする制定法や訴訟開始令状、起訴状、判例等によって具体的に表現されているコモンローは、「人の持ち得る最も確実なサンクチュアリ（保障）」であり、「最も弱い人をも守る最強の要塞」でもある。

コモンローは「多くの世代継承の中で無数の真面目で学識のある人たちによって洗練されてきたもの」であり、「個々人が、いやそれどころか、ある世代全体が考えようによっては得られるかもしれない研究、観察および経験よりもはるかに多くの研究、観察、経験の積み重ねの結果として、沈殿してきたもの」である。

†大法官エドワード・クック

クックの考えは「誰も自分のほうが法よりも賢明であると考えるべきではない」という発言に集約されている。

クックは「法」「権利」を、国王をも含めた特定の人間の理性や意思の産物ではなく、歴史的な発展の所産であると考え、そこに示された祖先からの知恵、歴史のなかで共有された価値に信頼を寄せることを説いた。

彼にとっては、コモンローに革新を持ち込むことは「多くのルールと理性を侵害」することであり、「多くのロスと害」とを生じさせる行為でもあった。クックは次のように説いた。

「我々はいわば昨日生まれた者に過ぎず、……（父祖から学んで光と知恵を与えられなければ）無知のままにとどまっていたであろう。往昔の日々、過ぎ去りし時を顧みれば、この地上における我らが日々など陰の如きものに過ぎない。その往古の日々、法は、最も卓越した人びとの英知により、数多の時代の不断の流れのなかで、長期にわたる連続した経験（光と真理の試練）を通じて、純化され洗練されて今に至った。これは、たとえ全世界のすべての人間の英知を己が頭脳に併せ持つ人がいたとしても、（人生はあまりに短いので）その人ひとりの力をもって一つの時代のうちに果たし得ることでも、到達し得るところでもない。したがって何人も法より賢明たるを得ないのである」〔高野清弘『トマス・ホッブスの政治思想』（御茶の水書房、一九九〇年）の訳による〕

クックは畏敬の念を込めて絶ゆることのない歴史の連続性を語り、その歴史の流れのなかで時の試練に耐えて純化され洗練された、法という形をとりながら集積された先人たちの英知を讃える。そして、そのような父祖たちの幾世代もの英知の結集である法に比すれば、どんな天才をして案出させたとしても、その一代限りの「意思的行為」なぞまるで取るに足りないものだ。法とはこのように父祖たちによって踏み固められた道なのである。

クックはこのように言うのである。

このようなクックの発想に対しては、当時もいろいろ反論があった。たとえば、十七世紀イギリスの哲学者トマス・ホッブスはクックらのこのような発想に対して、イギリスの「父祖」の英知なぞ、まるで取るに足りないもので、このような父祖の英知の集積という伝統的な法律観こそ一掃されてしかるべきだと考えた。

法は歴史の試練に耐えて純化・洗練された父祖たちの英知なぞではなく、単純に主権者たる国王の命令と考えるべきである。また臣民の「自由」も歴史の過程で形成されたものなぞではなく、単に主権者が黙過した事柄にだけ存すると考えるべきである。

ホッブスの法律観によればクックのような裁判官の訓練の結果たる「法的理性」なぞ必要なく、普通の人の「自然的理性」をもってすれば足りるということになる。この点を『哲学者とイギリスのコモンロー研究者との対話』(一六八二)という著作のなかで、ホッブスは次のように述べている。

「確かに生まれながらに理性を使用し得る者はいない。しかし、人間は皆、成長すれば理性を使用できるようになるのであって、その点、法律家と何ら変わりはない。そして、成人した人間が自らの理性を法に適用するならば、……その人はサー・エドワード・クックその人と同じ程度に司法の任に適し、またその能力を有するということになろう。(中略)私が裁判官の職務を遂行できるようになるには、一、二ヵ月もあれば十分だ」

(高野前掲書の訳による)

ホッブスはこのように、歴史の英知である法と、その意義を繰り返し説くクックをはじめとする法律家を徹底して軽蔑した。人は父祖たちの知恵の恩恵を受けているどころか、それに呪縛されているにすぎない。歴史からの解放、伝統からの解放、父祖たちからの解放、このようなことをホッブスは繰り返し述べている。

また、ピューリタン革命を推進したレベラーズ(水平派)のオーヴァトンという人物は「我々の父祖が何であろうと、彼らが何をし、何をされたにせよ、我々は現代の人間であって……」と、「現代」人であることの優位を強調した。自分たちは父祖たちとは無関係に存在し、過去と断絶した「現代」の人間として、父祖たちの歴史や伝統から解放されてフリーハンドで行動し、思考すべきなのだというのである。

時代は下るが、進歩主義の立場から、「現代」に生きる自分たちのほうが父祖たちよりも優れているのだと主張した人物もいた。

後にアメリカ独立の契機を作った『コモンセンス』(一七七六)の著者トマス・ペインは、『人間の権利』(一七九一—九二)という著作のなかでオーヴァトンと同様の主張をした。

「いつの世代にせよ、世代はすべてその必要が要求するあらゆる目的に応じ得る能力を持っているものであり、また、そうでなくてはならない。その要求に応じて然るべきだとすれば、それはすでに死んだ人びとに対してではなく、現にいま生きている人びとに対してでなければならない。人間は生存をやめると、その持っていた権力も欲求も、同時に生存をやめる。この世の事柄にもはや関与しなくなった以上、この世の統治者はだれであったらいいかとか、この世の政府はどのように組織し、また、どのように動かして行ったらいいかとか、そういったことを指図する権限は、死んだ人間にはもはやないのである」（西川正身訳、岩波文庫、一九七一年）

「わたしは、生きている人びとの権利を擁護し、その権利が、一片の紙切れだけで自分にありと称している死んだ人びとの権限によって、奪い上げられ、支配され、契約の拘束を受けることに反対しているのだ」（同右）

「政府というものは生きている人びとのためのものであって、死者のためのものではないのだから、政府に対して何らかの権利を持つのは、現に生きている人びとだけに限られる」（同右）

つまりコモンローや「古き良き法」を尊重することは死者から支配されることだ。なぜ死んだ者から「現代」に生きる我々が支配されなければならないのだ、とペインは非難しているのである。

もちろんペインが言うように死者すなわち父祖たちは、もはやこの世には存在しない。

現実に指図する権限を持ちようがない。しかし、そのことは父祖たちの存在を無視し、いま現在生きている者のみが、その必要や目的に応じて人びとの権利や自由を云々してよいということを意味しているわけではない。それは「生者の傲慢」と言うべきものである。

また、父祖たちの貴重な英知を無にすることでもある。生きている者は父祖たちの存在を慮《おもんぱか》りながら、父祖たちの英知の結晶としてのコモンロー、「古き良き法」を参照しなければならない。そのほうが賢明で理性的な生き方ができる。クックらが説いたのはこういうことであった。

†「権利の請願」と名誉革命

クックらが執筆した「権利の請願」はマグナカルタの確認であり、「古き良き法」の回復のためになされた行為であったが、スチュアート朝の国王たちはその後も専制政治を行なった。やがてこれに反発してピューリタン革命（一六四九年）が起こるが、これも革命の指導者だったクロムウェルが独裁政治を布いたことから国民の不満が高まり、彼の死後、再びスチュアート朝に戻る（一六六〇年）。

しかし、ここでも国王の専制政治がやまなかったため、議会は国外から新たに国王を招いた。これが名誉革命である。この名誉革命のとき、「権利の章典」が制定されるが、これまた「古き良き法」「古き良き権利」の回復・確認であった。

そこでは前国王がいかにイングランドの「古き良き法」「古き良き権利」を遵守しなかったかが述べられた後、「まず第一に、〔かれら（イギリス人）の祖先が同様な場合に行なったように〕かれらの古来の自由と権利を擁護し、主張するため、次のように宣言した」と、マグナカルタや「権利の請願」という先例にしたがって、「古き良き法」「古き良き権利」の回復こそが「権利の章典」制定の目的であるとして、十三カ条の自由と権利を明記した（なお訳文は高木八尺・末延三次・宮沢俊義編『人権宣言集』岩波文庫、一九五七年の田中英夫訳による）。

また、その意義を再度、次のように明記した。

「前記宣言中に主張され、要求されている権利および自由は、その一つ一つは全部、わが国の人民の真正で・古来から伝えられ・疑う余地のない・権利および自由であり、そのように評価され、承認され、判断され、思惟され、理解されなければならない。前述の諸条項はその一つ一つが全部、前記宣言中に表明された通りに、確固として厳格に保持され遵守されねばならない。またいかなる官吏および廷臣と言えども、すべて将来永久にこの宣言にしたがって、両陛下およびその承継者に奉仕しなければならない」

これはスチュワート朝を終わらせ、新たに国王を擁立するに当たって、新国王にマグナカルタ以来のイギリス臣民の古来の自由・権利を確認させるという趣旨である。イギリス臣民には昔からこれだけの自由と権利が保障されてきた。「古来の権利と自由はこれこれだ」ということを確認した文書である。

さきに、「古き良き法」の下においても事実上の法の改変や改革は行なわれていたが、それは「古き良き法」の回復であり、再興であると捉えられていたということを指摘した。実は名誉革命も「革命」とはいえ、その性格は「復古」であり、「権利の章典」も「古き良き権利」の回復であり、確認であったのである。

この点、二十世紀を代表する政治哲学者ハンナ・アレントが「革命（レヴォリューション）」という言葉の原義を明らかにしつつ、名誉革命の性格を次のように解説しているのは示唆に富んでいる。

「今日一般に認識されているような旧秩序にはっきりと終止符を打ち、新しい世界の誕生をもたらす一過程という意味は元々はなく、すでに以前確立されたある地点に回転しながら戻る運動、つまり、予定された秩序に回転しながら立ち戻る運動を暗示する場合に、用いられるものであった。すなわち革命とは元々復興を意味する。絶対君主制の専制や植民地政府の権利乱用によって侵害され侵されていた古い秩序を回復すること。物事が本来あるべき姿にあった古い時代に回転して戻ること。昔の自由の回復ということ

を意味している。名誉革命はその典型である」（『革命について』志水速雄訳、ちくま学芸文庫、一九九五年）

つまり名誉革命こそは「革命」の原義である「復古」の典型であると言うのである。名誉革命はこのように「復古」という性格を有しているが、他方、この革命の意義を新たに解釈し直した人物がいる。ジョン・ロックである。

ロックは名誉革命の意義を独自の社会契約説に基づいて説明し直した。政府が設立される以前の状態として自然状態というものを仮定しながら、自然状態では不都合があるので、不都合を解消すべく皆で合意して政府を作るのだという〝物語〟を作り上げ、名誉革命を人びとの合意による新たな政府形成として説明したのである。

しかしここで述べたいのは、社会契約説に基づくロックの名誉革命の解釈についてではなく、ロックの思想が後のアメリカ独立宣言に決定的な影響を与え、それがまた「権利」の概念に大きな変質をもたらしたという点についてである。

アメリカ独立宣言はトマス・ジェファーソンが起草し、一七七六年七月に発表されたが、ここで問題にしたいのは次の有名な一節についてである。

「われわれは、自明の真理として、すべての人は平等に造られ、造物主によって、一定の奪いがたい天賦の権利を付与され、そのなかに生命、自由および幸福の追求の含まれることを信ずる。また、これらの権利を確保するために人類のあいだに政府が組織されたこと、そしてその正当な権力は被治者の同意に由来するものであることを信ずる。そしていかなる政治の形体といえども、もしこれらの目的を毀損するものとなった場合には、人民はそれを改廃し、かれらの安全と幸福とをもたらすべしとみとめられる主義を基礎とし、また権限の機構をもつ、新たな政府を組織する権利を有することを信ずる」

(『人権宣言集』所収の斎藤真訳による)

ここに述べられていることは、ほぼロックの思想に基づいている。アメリカ独立宣言はロック思想の忠実な要約である。ここにはおよそ三つのことが述べられている。一つは「天賦人権論」の考え、二つ目は、権力は被治者の同意に由来するという「信託理論」の考え、三番目が人民に危害を及ぼすような政府ならば潰して新たな政府を樹立してよいという「抵抗権」「革命権」の理論である。

アメリカはまさにこの「抵抗権」を行使して、イギリスから独立したというのが独立宣言の描くストーリーである。

独立宣言は「大英国(グレートブリテン)の現国王の歴史は、これら諸邦(ステイツ)の上に、絶対の暴君制を樹立することを直接の目的としてくり返して行なわれた、悪行と簒奪との歴史である」と述べ、全十八カ条からなるイギリス国王の〝罪条〟をあげている。

しかし、これはイギリスの歴史を悪役に仕立て上げ、我々はこれに堪えきれずやむを得ず独立するのだということを諸外国に訴えるための論理であった。

独立宣言はプロパガンダの文書であり、後に述べるようにイギリス本国によるアメリカ植民地統治は「簒奪」とはほど遠いものがあり、事実は独立宣言に書かれているところとかなり違っている。

†アメリカ独立宣言の精神

また論理の面で言えば、アメリカ植民地が独立に踏み切る前段階は独立宣言が援用したロックの論理よりも、むしろクックの論理のほうが重視された。すなわちアメリカ植民地人のイギリス本国との闘いは、その〝初志〟においては彼らのイギリス臣民としての伝統的な自由と権利を守るための闘いであり、彼らの立場から言えば本国政府の植民地政策のほうが伝統的な「古き良き法」を逸脱するものであった。

実際、「イギリス本国とアメリカの植民地とをめぐる一七七六年の政治状況は、本質的には、スチュアート朝とエドワード・クックとの一六二八年の闘争（《権利請願》）に対応すると見てよい」という見解（初宿正典「マルティン・クリーレの人権宣言史論」（初宿編訳『イェリネック対ブトミー人権宣言論争』みすず書房、一九九五年に所収）の一部を改変し補った）さえあるくらいである。

この見解によれば、アメリカ独立前夜においてイギリス議会が一六二八年当時の国王（チャールズ一世）のように、植民地に対して絶対権（主権）を要求したのに対して、植民地の人びとはクックが主張したのと同じように彼らの自由と権利が伝統的なイギリス臣民のものとして不可侵であることを主張したと言うのである。

つまりアメリカ植民地人たちは、イギリス本国政府が「議会主権」の発想に基づいて、議会による専制支配すなわち議会の意思によって「古き良き権利」を否定できるという「新しい」統治理念を植民地に押し付けてきたのに対して、逆にイギリスの伝統的な発想に基づくイギリス臣民として権利・自由と財産の不可侵を主張する「古い」理念を持ち出して抵抗しようとした。この意味では独立劇は伝統的なイギリス憲法への「復古」を求める闘いであったのである。

植民地人たちはイギリス本国の議会が主権者として振る舞いはじめ、かつてのスチュアート朝のチャールズ一世が議会の承認なく増税しようとしたのと同じように、アメリカ植民地に対しても植民地人の同意を得ることなく増税しようとしたのに対して、「古い」イギリス臣民としての権利・自由を持ち出して抵抗した。

一七六五年三月にイギリス議会で通過した印紙税法に対して、植民地人たちが不満を表明した宣言（「印紙税法会議の宣言」一七六五年十月）はその論理に貫かれている。たとえば、そこには次のように述べられていた。

「これら植民地における陛下の忠実な臣民は、大英王国内に本来生まれた臣民のもつ固有の権利と自由のすべてを享受する資格をもつのである」（大下尚一・有賀貞・志邨晃佑・平野孝編『史料が語るアメリカ』有斐閣、一九八九年の池本幸三訳）

ここではマグナカルタ以来、クックによる「権利の請願」や「権利の章典」などで何度も確認されてきた、伝統的でイギリス臣民に固有の権利・自由という観念が持ち出されている。また、独立前夜に主張されていた「代表なくして課税なし」というスローガンも、課税の際には臣民の同意を必要とするという、これまたマグナカルタ以来の伝統的なテーゼの言い換えにすぎず、「代表なき課税」すなわち「同意なき課税」は「英国憲法の原理と精神に矛盾するものである」とこの「宣言」は述べている。

すなわち彼ら植民地人が守ろうとしたのは、あくまでイギリス臣民としての古い伝統的な権利・自由であったのであり、それを保障している伝統的なイギリス憲法の体系であった。いわば彼らは伝統的なイギリス臣民としての権利・自由を〝保守〟するためにこそ本国（実態としては議会）に抵抗の姿勢を示したのである。

このようにアメリカ植民地人による本国政府に対する抵抗は、本国政府・議会によって踏みにじられた「古き良き権利」を「復古」するというクック的な色彩が強いものであった。それが次第にトマス・ペインによる『コモンセンス』の影響もあって、本国からの独立へと傾いていく。独立宣言は、アメリカ植民地においてジョン・ロックの思想が、エドワード・クックの思想に勝利したことを示すものでもあった（なお、合衆国憲法起草時には再びクックの思想が再評価されるが、この点については、ここでは触れない）。

ここで独立宣言の内容に戻るならば、決定的に重要なのは人びとの権利がイギリスの歴史の過程で生成してきた「イギリス臣民の古来の自由・権利」ではなく、造物主すなわち神によって賦与された「天賦の権利」であるという論理を展開している点である。そして、この論理によって、「権利」は歴史の所産であり父祖たちの英知の結晶であるという論理が否定されたことは極めて重要である。

さきに独立宣言はロック思想の要を得たコピーだと指摘しておいたが、ロックは主著『統治論第二篇（市民政府論）』（一六九〇）の冒頭で政治社会（政府）設立以前の状態である「自然状態」の説明をしながら、次のように天賦人権の論理を展開している。

「それ（自然の状態）はまた平等の状態でもあり、そこでは権力と支配権はすべて互恵的であって、他人より多くもつ者は一人もいない。なぜなら、同じ種、同じ等級の被造物は、分けへだてなく生をうけ、自然の恵みをひとしく享受し、同じ能力を行使するのだから、すべての被造物の主であり支配者である神がその意志を判然と表明して、だれかを他の者の上に置き、明快な命令によって疑いえない支配権と主権を与えるのでないかぎり、すべての者が相互に平等であって、従属や服従はあり得ないことは、なによりも明瞭だからである」(宮川透訳、世界の名著27　ロック　ヒューム、中央公論社、一九六八年)

「理性にちょっとたずねてみさえすれば、すべての人は万人が平等で独立しているのだから、だれも他人の生命、健康、自由、あるいは所有物をそこねるべきではないということがわかるのである。なぜなら人間は皆、唯一全能でかぎりない知恵を備えた造物主の作品だからである。すなわち人間は、唯一なる最高の主の命によってその業にたずさわるために地上へ送られた召使であり、主の所有物であり、主の作品であって、人間相互の気ままな意志によってではなく、神の意のある間、生存を許されるものだからである。そしてわれわれは同じ能力を授けられ皆が一つの自然の共同社会に参与しているのだから、下等な被造物がわれわれ人間のためにつくられているのと同じように、われわれも相互に役立つためにつくられているかのように、互いに殺し合うのを正当化するような従属関係をわれわれの間に仮定することはできないのである」(同右)

これは独立宣言の内容そのものである。ロックは名誉革命を正当化する論理を提供したが、名誉革命が持っていた「復古」という性格を完全に無視した。人びとの権利の根拠を説明するに当たって歴史や伝統、父祖の存在に言及するのではなく、新たに「神」を持ち出し、そのことによって「権利」というものに従来は伴っていた歴史・伝統の要素を削ぎ落とした。権利の根拠として「神」という新たな権威を持ち出してきたのである。

トマス・ジェファーソンらアメリカ建国の父たちはこの論理を借用した。アメリカはイギリスからの独立を決断するに当たって、もはや人びとの権利を「イギリス臣民の古来の自由と権利」と捉えることはできなくなった。イギリスの歴史から訣別してアメリカは独立国として新たな第一歩を踏み出す。歴史に人びとの権利の根拠を求められなくなったアメリカは、神を権利の根拠とするロックの思想にその正当化の論理を求めたのである。

ちなみに現在の学校教育レベルでは、「人権」を「天賦の権利（生まれながらの権利、生来の権利）」と説明することが多い。しかし、その際、ロックが強調している「神」という存在が完全に捨象されている。

ロックのいう「天賦」とは文字通り「天」が賦与したものであるということである。「天」とは明治時代の初めに、我々の先達たちが神・造物主を日本人一般に理解しやすいように儒教流に訳したもので、「天賦」とは神が与えたもうたという意味である。「生まれながらの」「生来の」というのも同様に神の被造物として「生まれた」というのが、ロック流の天賦人権論のもともとの意味である。「神」を抜きにして「生来の権利」と説明したところで天賦人権論は理解できない。

また「人権」の属性として神聖不可侵性ということが言われる場合があるが、今日では自己の権利の絶対性という意味で神聖であって不可侵であると理解されることが多い。しかし、これもロックの主張した元の意味に戻れば、同じく神の下で共同生活を営んでいる他者も、自分と同じ神の被造物であるがゆえに神聖な存在である。その権利は不可侵なものであり、みだりに侵してはならないものだという、他者への配慮を言ったものである。

つまり権利の根拠として神を想定する意義は、権利行使に当たって神への畏れとそれゆえの責任が伴うことにある。また、各人がともに神への畏れと責任感を抱くということが共同社会を維持し機能させる基盤でもある。ロックが言っているのはこういうことであろう。

†「幸福の追求」の背景

ところで、さきに引用したアメリカ独立宣言の中には「幸福の追求」という言葉が入っている。日本国憲法でもこの趣旨を受けて第一三条で「すべて国民は、個人として尊重される。生命、自由及び幸福追求に対する国民の権利については、公共の福祉に反しない限り、立法その他の国政の上で、最大限の尊重を必要とする」と規定されている。

実は、アメリカ独立宣言に「幸福の追求」という言葉が入れられたのには特別の意味がある。独立宣言は全体としてロックの影響を受けたが、「幸福の追求」の部分はロックの思想と直接の関係はない。

ロックは天賦の権利の内容として「生命、自由および財産」をあげている。彼は労働価値説に立って財産は自分が働いて手に入れたものであり、自分そのものであるがゆえに奪ってはならないと説いた。

独立宣言はロックが「財産」といった代わりに「幸福の追求」という文言を入れた。アメリカはもともとピューリタン革命の前にイギリスから脱出したピューリタンたちが築いた土地である。本来が宗教的な国家である。この点は重要なポイントである。

ピューリタンにとって、国家建設の目的とは地上に神の秩序を実現することであった。この社会は神の定めたもので、階層・秩序をなし、そのメンバーは有機体のように相互に依存して、補い合っていかなければならないものであった。人びとの幸福は秩序のなかにあることによって生じ、神の秩序を内包した社会のなかでのみ人間は道徳的な存在となり、人間らしさを認識するものであった。

公共の秩序は個人に先んじて存在するものであり、人間としての向上を促す場であった。個々人の幸福は私益に過ぎず、公共の善に対しては譲らざるを得ない性格のものであった。幸福とは決して物質主義的なものではなかった。政府や指導者の義務は個々の利益の集積とは別の「公共善」を発見し、平和と秩序を維持してその実現をはかることであった。

一部の利益や個人の利益は、全体の安全がかかっているときには放棄されてしかるべきものであった。彼らは個人に先んずる社会秩序、利益の集合を超越する公共善という伝統的な観念に立っていた。神の秩序を地上に実現するという発想である。

ところが、こういう価値観ががらっと変わってしまうことがアメリカの独立に至る過程にはあった。アメリカ植民地が独立へと向かう背景には政府や国家についての人びとの考えの大転換があった。実は「幸福の追求」という文言が独立宣言に入ったのはアメリカ植民地人たちの認識が神の秩序を地上に実現するということから全く別のものへと転換したことを物語るものであったのである（以下、この点については、金井光太朗「幸福の追求と合衆国憲法——忠誠派・愛国派論争をめぐって」『思想』第七六一号を参照）。

アメリカ独立前夜に「ボストン茶会事件」（一七七三）があり、それが独立のきっかけとなり、独立の機運が高まったことがしばしば指摘される。アメリカ植民地にイギリス本国が酷い税金をかけ、植民地人たちはそれに堪え切れなくなって独立に踏み切ったというストーリーである。独立宣言が描くところもそうであるが、実はこれはアメリカ側が勝手に作った、多分に事実に相違した〝物語〟である。

確かにイギリス本国はアメリカ植民地にいろいろな税金を課そうとはした。しかし、実際に機能した税金は茶税だけなのである。イギリスはフランスとのあいだで七年戦争（一七五六―六三）を戦い、勝利をおさめたものの、戦費の支出によって財政難に陥った。その打開策としてアメリカ植民地に対する課税方針をとろうとした。

手始めとして一七六四年に砂糖税法を制定して、植民地人の輸入する糖蜜への税金を強化する。次に印紙税法（一七六五）を制定し、本国と同様の印紙税を植民地にも導入する意思があるということを表明した。課税権はイギリス本国議会の権限に属し、植民地の承認を必要とする性質のものではなかった。

こういった植民地に対する新しい政策と負担に対して、植民地では「代表なき課税である」として財産権と自治権の侵害を訴えて、ついにはこの課税権を否定するに至った。

新大陸の諸都市では「自由の息子たち」という名前の結社が組織されて、印紙税法会議が開催され、すでに触れたような植民地の権利についての宣言が決議された。こうした反抗があったために印紙税法は一七六六年に撤廃された。

しかし、イギリス本国はなおも翌年タウンゼント諸法によって、植民地の輸入する塗料、ガラス、鉛、茶に税金をかけることで、国庫収入の増加を試みた。そのためにアメリカ植民地では反イギリス運動が激化し、やがてイギリス製品不輸入協定が全植民地に成立することになる。

一七七〇年にイギリス軍とボストンの不平分子との衝突によって、五人の死傷者を出す「ボストン虐殺事件」が起きるが、これを機に植民地の富裕な商人たちは民衆の急進的な動きを恐れて、不輸入協定を廃止しようと努力した。イギリス本国においても、タウンゼント諸法はアメリカ市場を失いたくない商人のあいだで不評ということもあって、イギリスにとって大きな財源であった茶税を残して撤廃された。

しかし、一七七三年にイギリス本国は今度は東インド会社の経済危機を救済するために東インド会社に対して茶をアメリカに直売するよう特許した茶税法を制定する。これは東インド会社による市場独占を意味し、植民地の貿易の自由を脅かして植民地の権利に脅威を与えるものであった。このことがまた、植民地の反イギリス運動を激化させた。

茶税法に対する抗議行動として、ある夜、ボストン港に送られた茶箱がインディアンに変装したボストン市民の手によって海中に投げ込まれるという事件が起こる。「ボストン茶会事件」である。そしてこれを機にその他の港でも同様の暴力事件が繰り返される。ちなみにこれ以降、アメリカでは「コーヒーを飲むことが愛国的だ」とみなされることになったことは有名である。

以上のことから、イギリス本国からアメリカ植民地が独立するに至る心理的な契機は、新たな課税負担に対する抵抗にあったと、ひとまず言っていいだろう。これだけ見ればイギリス本国のアメリカ植民地への圧政は如何ばかりのものかと思われもする。

しかし、問題は「植民地への新たな税負担」とは、実際にどの程度のものだったのかということである。実は最終的に税金としてアメリカ植民地に課されたのは茶に対する輸入関税だけだった。それも金額は一ポンドにつき三ペンスである。つまり額としては決して重いものではない。しかもイギリス本国議会はそれまでの百五十年間、植民地に対する本格的な課税はしてこなかったのである。

つまり砂糖税法をきっかけとする植民地側の抵抗を説明するには、ただ課税の問題だけを理由とするのでは無理があるのである。

†功利の実現・私益の追求

そこで「幸福の追求」である。

わずかの課税に対して、このように植民地側が過剰に反応するに至る背景には、そこに政府と国民との関係についての「観念の変化」があったと考えられるのである。

この点について、この問題に詳しいアメリカ史研究者の金井光太朗氏は「政府の実現すべき公共善について全く違った観念が植民地の中で浸透していた」と指摘する(前掲論文)。神の秩序を地上で実現するという考え方から違った観念に変化していったと言うのである。

つまり経済的な利益の追求を肯定し容認する観念がこのころ生まれてきたのである。これはアメリカ植民地に特異な現象ではなかった。

十七世紀以来、イギリス本国でも、経済的繁栄の原因を探究し、繁栄を達成するにはどうすればいいのかということが盛んに論じられていた。私益と公益とは必ずしも対立するものではなく、むしろ私益の追求こそが公益に資するのだということさえ主張された。

これまで悪徳の最たるものとして攻撃されてきた贅沢などもむしろ生産を通じて雇用を増やし、人間がよりよく生活できるようにし、社会に貢献するものであるということも言われた。バーナード・マンデヴィルが『蜂の寓話』(一七一四)で「私益すなわち公益」と唱えているのはその代表例である。

アメリカ植民地でも経済的利益が人間を道徳的にする導き手であるとする考え方があった。ベンジャミン・フランクリンが自伝(『フランクリン自伝』)を執筆したのは一七七〇年代から八〇年代末のことであったが、この勤勉と労働の意義を説いた彼の著作は彼自身が生きた当時のアメリカ植民地の時代精神を象徴してもいた。

商業活動に対して、従来の伝統的観念とは異なって、次第に穏やかな見方が増えていった。商業を積極的には道徳化しないものの、道徳上強い関心を払うことはなくなっていった。このような全体の趨勢のなかで、政府の役割についての観念も次第に変化していった。つまり正しい信仰、神の秩序の実現という従来のものから、社会の繁栄の維持、増進ということへと、政府の役割についての考えは移っていったのである。

繁栄の保障こそが為政者が人民に対して果たすべき目的となっていった。言い替えれば為政者は人民に対して恵みを与えるのが務めだという意識が強まっていった。人民に恵みを与えることが為政者の本来の目的となって、それが達成できない場合には人民の騒ぎが持ち上がることとさえあった。

こうして政府の人民に対する義務が単なる倫理的義務以上のものになっていき、同時に人民の側の服従も無条件に捧げられるものとは限らなくなった。

政府の目的は功利の実現にあるとされ、功利の実現の有用性にこそ、政府の正当性、人民の服従するに足る正当性の根拠が置かれることになる。為政者が人民に恩恵を与えないときには人民はもはや無条件の服従をしている必要はない。逆に利益のある場合には進んで従う。こうして政府・為政者への服従は限定条件付きのものになった。

ここに政府の側が人民に負う義務を果たせないときには、人民の側も政府に従う義務がなくなるという功利主義的政府観が生じたのである。現に十八世紀のアメリカ植民地には多くの反乱・一揆事件が生じている。

こういった文脈から考えると、茶一ポンドにつき三ペンスという僅かばかりの課税であっても、当時のアメリカ植民地人にとってはイギリス本国政府の施策は功利の実現、幸福の追求という彼らの考える政府の目的に反するものとして我慢のならないものであった。

その意味では彼らの唱えた「代表なければ課税なし」というスローガンもまた、当初はマグナカルタ以来のコモンロー思想の文脈から唱えられたものの、大勢は「課税するなら人民の同意、少なくとも代表を通じての同意がなければならない。その代表を我々植民地人は本国議会に送っていない。そしてその代表とはやはり選挙民の功利の実現、幸福の追求に資するものでなければならない」という思想の表現であった。ロックの説いた被治者の同意という論理はこれに呼応していた。

以上がアメリカ独立宣言に「幸福の追求」という文言が入ったことの背景にある事情である。独立宣言は政府が組織される目的を「人びとの持つ生命、自由そして幸福の追求の権利を確保することにある」と明言している。そのうえ、それらの権利が神によって与えられたものであるとまで正当化している。そして旧来の政府がこの目的を毀損する場合には人民はそれを改廃して新たに政府を組織するが、その政府も人民の安全と幸福をもたらすことをその目的とすると述べられている。

つまりここで言う「幸福の追求」とは個々人の功利の実現、私益の追求である。そしてイギリス政府はアメリカ植民地人には「幸福」をもたらさない「悪しき政府」であり、もはや服従する必要のないものと捉えられたのである。

アメリカ独立宣言の意義とは「権利」の根拠としての歴史・伝統を否定し、新たな根拠として「神」を持ち出してくる一方で、政府の役割を地上における神の秩序の実現から、個々人の功利の実現へと観念を変化させたことにある。そしてこのことによって従来人びとが「正しさ」(権利)を主張するに当たって参照していた歴史や慣習の価値がなきものにされるとともに、「神」の存在もまた人びとの欲望や意思を抑制するものとしての機能を失いつつあることを示している。しかし、その決定打は十数年後、海を越えたフランスで放たれることになる。

2 「人権宣言」という虚構

†保守主義の思想家エドマンド・バーク

「人権」について語られるとき、必ず触れられるのはフランス革命時の「人権宣言」(一七八九)である。この「人権宣言」は正式名称を「人および市民の権利宣言」と言うが、実はここで初めて「『人』の権利」「『人間』の権利」ということが打ち出されるに至ったのである。

「人権宣言」が何ゆえに「『人間』の権利」ということを言いだしたのか、また「『人間』の権利」とは何なのかということを考えるに当たって、フランス革命直後に交わされたイギリスの保守主義思想家エドマンド・バークと、その著『コモンセンス』(一七七六)がアメリカ独立の起爆剤となり、フランス革命をも熱烈に支持したトマス・ペインとのあいだの論争は示唆に富んでいる。

バークは「人権」「『人間』の権利」に異を唱えた。それは「人権」「『人間』の権利」が過去を否定し、歴史と訣別するというイデオロギーを有しているからである。「人権宣言」が言う「人間」とは歴史と断絶し、祖先を持たない抽象的な存在である。そういう存在の持つ権利を「人権」「「人間」の権利」と呼ぶのである。

しかし、バークに言わせれば、イギリスはそのような考えには立脚しなかった。イギリスでは人びとの自由や権利を「「人間」の権利」として主張するのではなく、「祖先から引き継いだ相続財産」と理解してきた。それは「権利の請願」においても「権利の章典」においても同様だった。バークは「権利の請願」の性格を次のように解説する。

「有名な「権利の請願」とよばれる法において、議会は王にむかって、かれらの参政権を、抽象的諸原理にもとづいて「人間の権利」として主張するのではなく、イギリス人の権利として、かれらの祖先からひきついだ相続財産として、主張しながら、「あなたの臣民は、この自由を世襲してきました」といっている」(『フランス革命についての省察』水田洋訳、中公バックス世界の名著41　バーク　マルサス、中央公論社、一九八〇年)

また「権利の章典」の表現を摘記しながら、その性格を次のように解説する。

「「第一に」することとは、「同様なばあいにおけるかれらの祖先がつねに、かれらのふるい諸権利諸自由を擁護するために」したように、「宣言すること」。そして、それから、かれらは、「主張され宣言された諸権利と諸自由が、この王国の人民の、すべてにして唯一の、ほんとうにふるい、うたがう余地のない権利と自由であることが、宣言され法令化されるように」、王と女王にねがうのである」(同右)

バークはこのように「権利の請願」「権利の章典」の性格を明らかにし、次にイギリスが抽象的な「「人間」の権利」という考えをとらずに、「祖先から引き継いだ相続財産」と捉えてきた理由を明らかにする。

イギリス人は何も「人権」「「人間」の権利」の観念を知らなかったわけではない。しかし、権利や自由を守るためにはそのような漠然とした抽象的・思弁的な捉え方よりも、具体的な「祖先から引き継いだ相続財産」としての「イギリス人の権利」として捉えることのほうがよほど確実であることを知っていたからである。

「マグナ・カルタから権利の章典にいたるまで、われわれの自由を、祖先からわれわれにひきつがれ、そして子孫へひきつがれるべき、限嗣世襲財産として、また、もっと一般的または優先的な他のいかなる権利にいささかの関係もなく、この王国の人民にとくに属する財産として、要求し主張するのが、われわれの国家構造の不変の方針であった」(同右)

バークは自由や権利は祖先から現在の我々を経て子孫に受け伝えていく「世襲」のものと捉えた。

それでは「世襲」のものと捉える意義はどこにあるのか。

「世襲をふむことにより、われわれは、自分たちの政治のほねぐみに、血のつながりというすがたをあたえたのであって、われわれの国の国家構造をもっとも親愛的な家族的きずなにむすびつけ、われわれの基本法をわれわれの家族的愛情のおくそこにとりいれ、われわれの国家と家庭と墓地と祭壇とを不可分に保持し、それらのすべての、結合し相互に反映した慈愛のあたたかさをもって、いつくしんできたのである」(同右)

バークは政治一般を「世襲」の原理に基づかせることによって、為政者や人民をして祖先に真向かわせ、政治を祖先祭祀との関係において捉えさせる意義を説く。そしてそのことによって政治に血のつながりと慈愛のあたたかさがもたらされると言うのである。

「世襲」の原理は権利・自由の捉え方にも適用されるべきものである。「自分たちの自由を世襲財産として考察する」ことの意義はどこにあるのか。バークは言う。

「つねに、聖化された祖先の面前にあるように行動することにより、それ自身では無秩序と過度なる自由の精神は、おそろしい荘重さで、節度をあたえられている。自由の継承というこの思想は、われわれに、習慣が本来的にそなえている威厳を感じさせ、その感じは、なんらかの卓越を最初に獲得した人びとに、ほとんど不可避的に付着してかれらを不名誉にするところの、なりあがりの高慢をふせいでいる。こうして、われわれの自由は、高貴な自由となるのである。それは、堂々として荘厳な容貌をもっている。それは、由緒ある系譜と、その系譜をしめす祖先をもっている」（同右）

バークが最も嫌悪したのは、現在ただ今を生きている者が、ただそれだけの理由で、まるで万能者であるかのように、祖先を顧みることなく、その「理性」を振り回して世の中を変革しようなぞという「なりあがりの高慢」な態度を示すことであった。その意味では「理性的で人間的な自由」（同右）なぞという発想は無秩序をもたらすものでしかない。常に祖先の面前にあるかのように行動することによって、人間は無秩序に陥ることを回避でき、荘厳な容貌を持つ節度ある「高貴な自由」を行使することができるのである。権利・自由を祖先から受け継いだ「限嗣世襲財産」としての「イギリス人の権利」と捉える必要があるのはそれゆえなのである。

バークは人間が頭のなかで捏ねくり回した抽象的な思弁よりも、歴史の過程で時間をかけて生成してきたものに重きを置いた。長い時間のなかで幾世代にもわたる、数え切れないほどたくさんの人びとの選択と洗練の末に残ってきた〝歴史の英知〟のほうを重視したのである。

バークが「人権」すなわち抽象的存在としての「人間」の権利を批判する一方、イギリスの歴史の過程で生成してきた具体的な「イギリス人の権利」すなわち「国民の権利」を提唱し、そのほうが「人権」よりも人民の権利・自由は確実に保障されると主張したのはそのためである。

事実、抽象的な思弁による「人権」を掲げたフランス革命はジャコバン派による恐怖政治に転じたのに対して、封建的な権利・自由の存続を選んだイギリスのほうが安定した政治を維持し、封建的な「特権」としての権利・自由は徐々に人民にも拡大されるようになって、権利保障は確実であったことは歴史の示すところである。

†『人間の権利』とは何か

これに対し、ペインは過去から切り離された抽象的な「人間」を強調した。そしてバークのように、現代は過去から拘束を受ける、つまり歴史や伝統を過去の世代からの伝達物として重視すべしという考えを「虚栄心ないし思い上がり」であり、「笑うべき傲慢不遜な専制」だと切って捨てる。

現代は現代であり、過去とは無関係に存在する。過去の世代とのつながりを意識する発想は、彼によれば、過去の世代によって現在の世代が所有される発想に過ぎず、人倫にもとる発想でもある。

「人間には人間を所有する権利はない。いつの時代の世代も、その後につづく代々の世代を所有する権利はない」（『人間の権利』）

ペインにとって、国家とは現在生きている者のみによって構成されるものである。すでに死せし祖先たちはこの世に存在せず、国家の構成においては何の意味もない存在である。

「いつの世代にせよ、世代はすべてその必要が要求するあらゆる目的に応じ得る能力を持っているものであり、また、そうでなくてはならない。その要求に応じて然るべきだとすれば、それはすでに死んだ人びとに対してではなく、現にいま生きている人びとに対してでなければならない。人間は、生存をやめると、その持っていた権力も欲求も、同時に存在をやめる。この世の事柄にもはや関与しなくなった以上、この世の統治者はだれであったらいいかとか、この世の政府はどのように組織し、また、どのように動かして行ったらいいかとか、そういったことを指図する権限は、死んだ人間にはもはやないのである」（同右）

ペインにとって過去はただ否定されるべき存在であり、過去を顧慮することは過去の世代に現在の世代が支配されることである。

「わたしは、生きている人びとの権利を擁護し、その権利が、一片の紙切れだけで自分にありと称している死んだ人びとの権限によって、奪い上げられ、支配され、契約の拘束を受けることに反対しているのだ。それに対して、バーク氏は、生きている人びとの

権利と自由を左右する、死んだ者の権限を擁護して物を言っているのである」(同右)

ペインは、法が歴史の過程、つまり祖先たちの営為の中で徐々に形作られるという伝統的なコモンローの思想を退ける。死んだ人びととは切り離された現代の人びとのみによって法は作られ、権利や自由は現在生きている者のみによって行使されるべきものだと言っているのである。

このように両者は過去をどう評価するか、歴史を受け継ぐのか歴史と訣別するのかというところで立場を異にした。

言うまでもなく、フランス革命の「人権宣言」はペインの思想と軌を一にしており、過去と断絶した祖先を持たない抽象的な存在としての「人間」を想定している。「人権宣言」にいう「「人間」の権利」とは、そのような意味での「人間」の権利である。

「人権宣言」に言う「人間」とはまた、教会からも解放された宗教性のない人間である。「人権宣言」の前文に次の部分がある。

「国民議会は、至高の存在の面前でかつその庇護の下に、つぎのような人および市民の権利を承認し、かつ宣言する」(以下、訳文は『人権宣言集』の山本桂一訳による)

「人権」は「至高の存在」の面前で宣言されると言うのである。

ところでここで言う「至高の存在」とはキリスト教の造物主、神のことではない。フランス革命は徹底した反教会革命、反カトリック革命でもある。カトリック教会を徹底的に弾圧して潰し、教会財産を没収した。そのうえで新たにキリスト教に代わる「市民宗教」という名の人工宗教を作った。

「市民宗教」の淵源はルソーの『社会契約論』（一七六二）に求められるが、人工の神のことを「至高の存在」「最高存在」と呼んだ。「至高の存在」「最高存在」を祭り、神殿まで作ってその面前で全十七カ条の宣言が行なわれた。これが「人権宣言」である。「人権宣言」には、確かに立派なことが書かれてはいる。

たとえば第七条には、

「何人も、法律により規定された場合でかつその命ずる形式によるのでなければ、訴追され、逮捕され、または拘禁され得ない。恣意的命令を請願し、発令し、執行し、または執行させる者は、処罰されなければならない。然しながら法律により召喚されまたは逮捕された市民は、直ちにしたがわなければならない。その者は、抵抗により犯罪者となる」

と規定されている。また、第八条にも、

「法律は、厳格かつ明白に必要な刑罰のみを定めなければならず、何人も犯罪に先立って制定公布され、かつ適法に適用された法律によらなければ、処罰されない」

と規定され、第九条にも、

「すべての者は、犯罪者と宣告されるまでは、無罪と推定されるものであるから、その逮捕が不可欠と判定されても、その身柄を確実にするため必要でないようなすべての強制処罰は法律により峻厳に抑圧されなければならない」

と規定されている。いわゆる罪刑法定主義と身体の自由という近代憲法の原理がここに謳われている。

しかし、ここに規定されたものが革命政権によって遵守され、国民に保障されたかというとそうではない。実は徹底して守られなかったというのがフランス革命の〃真実〃なのである。

通常、フランス革命は一七八九年の時点ではよかったが、一七九三年あたりから恐怖政治が始まった、革命の変容があったということが指摘されるが、実はフランス革命は一七八九年の段階ですでに「人権宣言」の条項は何も守られず、まったく正反対の不当逮捕や不当拘禁が行なわれていたのである。

現代アメリカの著名なフランス革命研究者サイモン・シャーマは『フランス革命の主役たち』(一九八九)のなかで、恐怖政治はジャコバン派が支配権を確立した一七九三年に始まったものではなく、一七八九年の革命の当初からそうだったのだと指摘している。

「恐怖政治とは要するに、より多くの死者を出した一七八九年のことなのだ。暴力は単に、目覚めた愛国者たちが都合よく目をそらすことができた不幸な副産物のことではないことは最初の年から明らかだった。暴力はフランス革命の集団的エネルギーの源泉であり、フランス革命を革命的ならしめたものなのだ」（栩木泰訳、中央公論社、一九九四年）

「人権宣言のインクが乾くか乾かないうちに、国民議会は……反革命の陰謀を探るための委員会を設置して、郵便物は開封する、逮捕状なしに人は逮捕する、正規の手続きを踏むことなしに拘禁はする、移動の自由は妨害する始末です。一七九一年のいわゆる黄金時代には、すでに信じられないほど広範囲に及ぶ政治犯罪が行われているんです」（同右）

「人権宣言」には確かに〝立派な〟理念が打ち出されているが、現実にはそれとはまったく正反対のことが行なわれたと言うのである。

†フランス革命を見直す

ところでマグナカルタにも「人権宣言」と同じような条文がある。たとえば第三九条「自由人は、その同輩の合法的裁判によるか、または国法によるものでなければ、逮捕、監禁、差押え、法外放置、もしくは追放をうけまたはその他の方法によって侵害されることはない」という規定がそうである。

ドイツの国法学者マルチン・クリーレは、このような「恣意的な逮捕と刑事訴追からの自由の権利」こそ「あらゆる基本権の母」であると言う。なぜなら「この権利がなければ人は常に脅かされ、精神的・政治的・宗教的もしくはその他一切の表現・行動は身体の自由を犠牲にしなければならず、人は不安の念に駆られて口を閉ざすだろうから」である。

したがってマグナカルタの規定は「単に歴史的のみならず、実際にもあらゆる基本権の母」としての現代的意義が見出されなければならない、とクリーレは指摘する(『平和・自由・正義――国家学入門』初宿正典他訳、御茶の水書房、一九八九年)。

フランス革命において「人権宣言」に身体の自由、罪刑法定主義が紙のうえでは手厚く保障されながら、実際にはまったく守られなかったということは、「人権宣言」に規定された「人および市民の権利」はすべて画餅に等しいことを意味している。

「人権宣言」は、なぜ実際には守られなかったのか。ここで、さきに見たバークの指摘を思い起こして頂きたい。「人権宣言」に規定されたものは何れもいわば観念の所産であったからである。過去と切り離された「現代」の人間が自分たちの都合で、ある場合は保障し、またある場合は撤回する。極めて不安定な権利保障である。

これに対してマグナカルタに規定されたものをはじめとするコモンロー上の権利（「古き良き権利」）は、具体的な歴史のなかで生み出されてきた権利である。

この権利は父祖も尊重してきたという歴史の重みを持つ具体的な権利である。父祖たちの英知の結晶であると理解され、権利の保障と父祖たちへの敬愛の念とが一体のものであったコモンロー上の権利のほうが、そのときどきの観念の所産であり、紙に書かれたスローガンに過ぎない「人権宣言」よりも実際には権利保障に厚かったというのが歴史の真実でもあるのである。

フランス革命は徹底した反教会的性格を持っていた。確かに「人権宣言」には第一〇条「何人もその意見について、それが、たとえ宗教上のものであっても、その表明が法律の確定した公序を乱すものでないかぎり、これについて不安をもたないようにされなければならない」と、「信教の自由」が謳われてはいる。

しかし、この規定はカトリック教会や聖職者、信者にはまったく適用されなかった。それらは「公序を乱す」ものと見なされたからである。

革命政権は教会税を廃止し、教会財産を国有化し、競売にかけた。修道院の土地や建物も競売にかけられ、破壊された。聖職者は革命政権への従属を強いられ、忠誠宣誓が要求された。これを拒否した者には国外退去や流刑、死刑が科せられた。

その顕著な例としてヴァンデの大虐殺がある。ヴァンデ地方は信仰心が篤く、王党派的な感情の強いところでもあった。このヴァンデで徹底した虐殺行為が行なわれたのである。具体的に言えば、大砲での処刑、船倉に閉じ込めたままの溺死刑、子供まで蹴り殺す刑等々、あらゆる人殺しの手段が実行され、その結果として犠牲者数は約四十万人にも達した。しかも、それは計画的な集団虐殺であった。このときの状況を虐殺の当事者であった共和国軍のフランソワ・ウェステルマン将軍は次のように報告している。

「ヴァンデはもはや存在しない。女子供もろとも、われわれの自由の剣のもとに死んだのだ。私は彼らをサヴネの沼に葬った。子供たちを馬で踏みつぶし、女たちを虐殺したから、野盗が生まれることもない。四人を一人でも残したと咎められるようなことはしていない。すべて処分した。……道という道は死体で埋まっている。死体が多すぎるので、何カ所かではピラミッドのように積み上げねばならなかった」（沢田昭夫『革新的保守主義のすすめ』ＰＨＰ研究所、一九九〇年より引用）

このように、陰惨を極めることが革命の当初から行なわれていたのがフランス革命なのである。前出のサイモン・シャーマは「フランス革命が政治的徳に関するどのような主張を行なって歴史家の共感を得るとしても、この非道極まる殺戮を、いかなる程度にせよ、正当化できるほど強い人間はいまい」（『フランス革命の主役たち』）と述べている。

実際、こういうカトリック教会とカトリック信者に対する徹底した弾圧、虐殺という事態を受けて、ローマ教皇庁は長い間、「人権」という概念に対して極めて批判的であった。「警戒と拒絶、いな時には公然たる敵意と断罪」によって特徴づけられるのが、十九世紀のローマ教皇たちの「人権」に対する態度であった(W・フーバー/H・E・テート『人権の思想　法学的・哲学的・神学的考察』河島幸夫訳、新教出版社、一九八〇年)。これはフランス革命に対するカトリック側の敵意の表れである。

また、フランス革命は反共同体的な性格を持つものでもあった。フランス革命は既存の共同体、中間団体、中間組織というものを徹底的に解体の方向に向かわせた。

人びとは、たとえば血縁による親族共同体、地縁による地域共同体、教会を中心とした宗教的な共同体、ギルドやツンフトなどの職能団体、そういったものに属していた。

革命政権はこれらの共同体に「封建的」というレッテルを貼り、人びとを縛りつける悪しき存在であるとして徹底的に解体した。解体することで、如何なる共同体にも属さず帰属意識も持たない「自由」で「自律的」な「個人」として解放してやるのだとした。「個人の解放」「個人の尊重」とは、このような既存の共同体から「解放」されたという意味での「個人」を尊重するということである。

その意味では「個人の解放」という論理は共同体の解体・破壊を意味した。既存の共同体をいったん解体することで何ものにも帰属しない丸裸の「個人」を作り上げ、この「個人」によって構成される新たな、まったく人工的な共同体を作り出すとともに、「個人」を無媒介に直接革命政権の下に従属させ、全体主義的な支配を確立しようとしたのである。実際、フランス人権宣言には「結社の自由」が保障されていない。「結社の自由」を認めないのは人びとを何らかの共同体に属させることを禁止する趣旨である。

フランス人権宣言でいう「人」「人間」とは、このように如何なる共同体にも属さない存在である。憲法学者の樋口陽一氏は、このことの意義をフランス人権宣言を好意的に理解しながら次のように指摘している。

「身分制社会の網の目をいったんばらばらに解体して、初めて一人ひとりの個人というものがつかみだされるのです。……もっと一般的にいえば、共同体からの解放、そのことによって個人がつかみ出されたことが近代のもつ意味であり、そうやって初めて、我々が何気なしに「人権」というときの、厳密な意味での「人」が成立したということになります」(『法学セミナー』一九九五年九月号)

以上、「古き良き法(権利)」から眺めてきたヨーロッパの「権利」の歴史は、フランス革命における「人権」という概念の確立によって、如何なる共同体にも属さず、宗教も持たず、歴史・伝統も持たないまったく無機質で抽象的な人間像を生み出すことに至ったのである。

†「人権」思想の批判者たち

こういったフランス人権宣言において確立した「人」「人間」という概念の問題性については、これまで幾人もの思想家が批判的に指摘しているところでもある。

たとえば、カール・マルクスは、『ユダヤ人問題によせて』(一八四四)の中で「人権」の発見者であるアメリカ人とフランス人の「人権」についての考え方を批判的に素描しながら、近代立憲主義の「人権」についての考え方を次のように分析している。

「いわゆる人権、つまり公民の権利(droits du citoyen〔政治的国家への参加を意味する「公民の権利」「参政権」〕)から区別された人間の権利〔droits de l'homme〕は、市民社会の成員の権利、つまり利己的人間の権利、人間および共同体から切り離された人間の権利にほかならない」(『ユダヤ人問題によせて　ヘーゲル法哲学批判序説』城塚登訳、岩波文庫、一九七四年、傍点原文、一部補足した)

「自由という人権は、人間と人間との結合に基づくものではなく、むしろ人間と人間との分離に基づいている。それは、このような分離の権利であり、局限された個人の権利、自己に局限された個人の権利である」(同右)

マルクスはさらに「人権」概念における「人間」という存在を「利己的人間、市民社会の成員としての人間、すなわち、自分自身だけに閉じこもり、私利と私意とに閉じこもって、共同体から分離された個人であるような人間」、「隣人からも共同体からも切り離された利己的人間」、「孤立して自分のなかに閉じこもっているモナド（単子）としての人間」（同右）とも指摘している。

マルクスは、「人権」という概念が封建的な共同体の拘束から「個人」として解放されることの重要性を強調することによって、人間と人間との分離を説き、共同体に対して敵対的な、ひたすら自己に極限された「個人」を強調することの問題性を指摘しているのである。

同様の指摘はドイツの法哲学者グスタフ・ラートブルフにも見られる。

ラートブルフによれば「人権」が想定する「人間」とは「きわめて利己的であるばかりでなく、その私利をはかるについてもきわめて狡猾な個人であり、かれは、ひたすらにその打算された個人的利益を追求し、その追求にあたってはいっさいの社会学的束縛に拘束されることなく、また、法律的な束縛にしたがうにしても、その打算された個人的利益そのもののために拘束されるにすぎない」（『法における人間』桑田三郎・常盤忠允訳、東京大学出版会、一九六二年）存在である。

ラートブルフもまた、「孤立化された個人」「利己的で狡猾な個人」「自己利益追求的な打算的な個人」というものが、「人権」という場合に想定されている「人間」像であると指摘するのである。

「人権」が想定している「人間」像の問題について考えるとき、ハンナ・アレントの指摘も参考になる。

アレントは、政治上の近代は十八世紀末葉に起こった二つの大革命すなわちアメリカ独立革命とフランス革命による「人権宣言」をもって始まっているとし、その意義を次のように述べている。

「宣言の意味するところは、何が正であり何が不正であるかの基準を与えるのは、今後は人間それ自体であって、神の戒律でも自然法でも伝統によって聖化された過去の慣習や道徳でもない、ということ以上でも以下でもない。十八世紀の言葉で宣言が表明しているのは、各国人民はあらゆる社会的、宗教的、歴史的権威の後見から自己を解放したこと、人類は「教育」の段階を了えてひとり立ちできるまでに成長したということだった」（『全体主義の起源』大久保和郎・大島通義・大島かおり訳、みすず書房、一九七二―七四年）

そしてこの人権宣言を前提とする、それ自体が価値の基準たる「人間」とは「一切の権威と条件から解放された完全に孤立した存在として自己を確立し、この存在は自らの尊厳、新しい人間の尊厳を、他のより高い、より包括的な秩序とは無関係に自分自身のうちに見出」(同右)す存在であると述べている。

アレントもまた「人権」が想定している「人間」とは自らを超越する如何なる存在も持たない、自分のなかに正邪の判断基準がある非常に高みに立った存在だと指摘しているのである。

マルクス、ラートブルフ、アレントと、それぞれ思想的な立場を超えて彼らが共通に指摘しているのは、①利己的で打算的で狡猾であるという意味で自己利益追求的であり、②共同体から切り離されて孤立し、自己に局限されたという意味で個人主義的であり、③一切の社会学的束縛に拘束されることがないという意味で反共同体的・反結社的であり、④自らが価値の基準であるという意味で人間中心主義的、このような「人間」像である。

フランス人権宣言によって確立した「人権」概念が想定している「人間」とは、このように共同体も宗教も歴史・伝統も持たないまったく無機質な抽象的な存在なのである。

マルクス、ラートブルフ、アレントは「人権」を批判的に考察したが、我が国の戦後の憲法学をリードしてきた宮沢俊義は「人権」を「人間性というものから直接に論理必然的に出てくる権利」(『法律学全集4　憲法II〔新版〕』有斐閣、一九七一年)であるとしながら、逆にこれを肯定的に理解し、「今日多くの国では、人権を承認する根拠として、もはや特に神や、自然法をもち出す必要はなく、「人間性」とか、「人間の尊厳」とかによってそれを根拠づけることでじゅうぶんだと考えている」、人権は「キリスト教の子でないばかりでなく、どの宗教の子でもない」「本質的には宗教をはなれて成立するものであり、また、宗教にかかわりなく、根拠づけられるものである」と述べている。

つまり徹底的に世俗化され、超越的原理を想定しない「人間がただ人間であるということのみにもとづいて」人間は尊厳性を有すると理解し、そういう「人間」が有する権利を「人権」と言うのだと肯定的に主張するのである。

しかし、宮沢が肯定的に理解したような「人権」はもはや哲学的な意義づけが不可能であり、その立論の根拠も希薄であるとの指摘がなされている。アメリカの政治哲学者ジョン・ロールズは次のように指摘している。

「人権は、人間の本性に関する何か特定の包括的な道徳上の教説や哲学の構想には依拠しないということです。これはたとえば、人間は一人一人が道徳的人格であり等しい価値を持つとか、人間にはある特別な道徳的ないし知的能力が備わっているために人権があるといった考えに頼らないということです」（S・シュート、S・ハーリー編『人権について』中島吉弘・松田まゆみ訳、みすず書房、一九九八年）

ロールズは「人権」には哲学的な根拠がなく、「人間が人間であることのみにもとづいて」有する権利であるとする概念だと指摘するのである。

イェーリングの話から始めた「権利」というものが持っているもともとの〝闘争の論理〟は、こうして共同体も宗教も歴史・伝統・慣習も持たない丸裸の「人間」に剝き出しで与えられることになった。

ところで、共同体における相互の人間関係や宗教的な戒律、歴史・伝統・慣習に基づく多くの道徳・倫理は、人びとが自己利益の追求や自己主張をしようとしたとき、それを制してくれるブレーキの役割を果たすものであろう。しかし、共同体、宗教、歴史・伝統が有するそのような「制約の原理」は、「『人間』の権利」としての「人権」の確立によって失われた。丸裸の「人間」に〝闘争の論理〟だけが与えられることになったのである。

†「人権」教育の優等生

こう見てくると、「自分の不利益には黙っていない」というある小学校の教室に掲げられていたスローガンは、「人権」という概念が持っている根本的な性質を極めて正確に表現したものと考えることができるだろう。

アレントが指摘しているように、「人権」は自らを正邪の判断基準であるとする論理を提供してくれる。自らの主張内容が正しいか否かを一切考慮することなく、ただただ自分が思っていること、自分が欲していることを主張する際に、それを正当化するための〝護符〟としての役割を「人権」は果たしてくれるのである。

実際、この論理は学校教育を通じて忠実に子供たちに喧伝されている。ここで中学校の教科書で「人権」がどのように説明されているのかを紹介してみることにしよう。読者は本書の「はじめに」の部分で紹介した、「それって人権侵害じゃん」と叫ぶ生徒の姿を思い起こして頂きたい。

「私たちは、だれもが自由で豊かな幸せな人生を送りたいと願っている。そのような人生を過ごしていくためには、かつての家族制度の中にあったような、男だからあるいは女だからという差別や束縛はあってはならない。つまり、人間はあくまで一人の個人として尊重されなくてはならないのである（個人の尊厳）」（教育出版『中学社会　公民』一九九七年）

「人間尊重の社会においては、おたがいを人間として尊重すると同時に、おたがいの願いを尊重することも大切である。自由でありたい、平等に扱われたい、幸せになりたいといった人間としての自然な願いは、同時に私たちが生まれながらにしてもっている権利と結びつくものであり、このような権利のことを人権と呼んでいる」（同右）

もちろんここでは他者への配慮ということも強調されてはいる。しかし、要は「自由で豊かで幸せな人生を送りたい」という「人間としての自然な願い」を実現するために、その障害となるあらゆる「差別」や「束縛」から解放されること――これが「人権」が保障されることの意義にほかならないと言うのである。

「道徳」が人の心の働きを規制する性質のものであるのに対して、「人権」は逆に人の心の働きを解き放つ性質を持っているが、問題は「人権」が、主張の内容を問わず、単に欲望だとか本能だとかのレベルに止まるような「願い」をも肯定してしまうことにある。

それでも「人権」が自律的で教養があり紳士的な大人によって行使されるならば、つまり、その「願い」が高尚である分には問題は少ない。しかし、未だ発達途上にあるような子供たちによって「人権」が振り回されるとするならば、彼らの欲望や本能のレベルにすぎない未熟な「願い」をも肯定し合理化してしまう恐れがある。実際、「人権」は「「人間」の権利」であり、そこに年齢や立場は関係のない概念である。「人権」はまさに子供たちの「願い」をも「人間」の権利として肯定し、合理化する論理を提供するのである。

また、現代の「人権教育」は、「自由で豊かで幸せな人生を送りたい」という「人間としての自然な願い」について、その理想像は何ら教えることはなく――というよりも「人権」概念自体がそのことについては何も想定していないのであるが――、子供たちの未熟な情欲を駆り立て、その解放をもって善しとするメッセージを彼らに発している。彼らの情欲に基づく主張をも合理化し正当化するための口実を「人権」は与えてくれる。

そしてこのことが、社会生活や集団生活を送っていくうえでは不可欠な、ごくわずかな規制にも耐えられず、すぐに逆上して（「キレて」）しまう、ひ弱な自我を創り出しているとも言える。「人権」が情欲のままに行動することを個人の「自由」であると思いなし、わずかな規制にも耐えられないひ弱な自我を育てていっているのである。

その意味ではナイフを振り回しつつ、それを注意されると「人権侵害」の声をあげる子供たちは「「人間」の権利」としての「人権」概念の申し子と言ってよいだろう。彼らは心の中に「制約の原理」を持たず、ただただ自分のやりたいことを素直に口に出し、行動に移しているだけである。しかし「人権」の立場から見れば、彼らは何も間違ったことをしているわけではない。彼らは「人権」イデオロギーの体現者であり、「人権」教育の優等生なのである。

第二部

現代日本の「人権」状況

1 「人権」が無軌道な子供を作り出す

†J・S・ミルの『自由論』

文芸評論家の福田恆存は、かつて「人權と人格」(一九七八)という論文のなかで「人格を失つた人權亡者の紙芝居を人々はいつまでも續けるつもりなのであらう」と述べた(『人間不在の防衛論議』新潮社、一九八二年)。ここで言う「人格を失つた人權亡者の紙芝居」とは、今日の「人権」をめぐる状況を的確に表現しているものであろう。

アレントが指摘したように、「人権」はそれを主張する主体自体を価値判断の基準にする論理を有している。つまり「人権」は本来的に「人格」を想定していないのである。宮沢俊義流に言えば、「人間がただ人間であるということのみにもとづいて」尊厳性があるとする概念が「人権」である。

ところで今日、「人格」という視点が本来的に欠落している「人権」を援用した主張が「自己決定権」の名の下に主張され、社会に大きな混乱をもたらしている。

すでに述べたように、アメリカ独立革命・フランス革命を経て確立した「人権」「人間の権利」は歴史・伝統・慣習を有せず、宗教も持たず、共同体にも属さない抽象的で無機質な「個人」を想定している。ここで想定されているのは当然のことながら「自律した強い個人」である。

この「自律した強い個人」の主張を、その内容を吟味することなく、そのまま正当化する論理が今日、「自己決定権」の名の下に展開されている。「個人の自律」をどこまでも追求する主張が「自己決定権」の名の下に展開されているのである。「自己決定権」は一般に自己のライフスタイルについて他人や社会・国家に干渉されることなく自由に決定する権利と捉えられている。

この権利主張は当初は「自己決定」の及ぶ範囲について他者加害に及ばない、つまり他人に迷惑をかけない「純然たる個人的な事柄」のなかで、さらに「人格的生存に不可欠な重要事項」に限るとして、「自己決定」の内容に「人格」性を要求するものであった(佐藤幸治氏の見解、樋口陽一・佐藤幸治・中村睦男・浦部法穂『注釈日本国憲法　上巻』青林書院、一九八四年)。

しかし、今日では当初要求された「人格」が際限なく拡大され、同じく「人格」を言いながらも「人格」の内容が甚だ広いものとなっている。揚げ句の果ては「人格的生存に不可欠な重要事項」のなかに「援助交際」と呼ばれる少女売春までが含まれるのだという主張さえなされ、正当化される始末である。

「自己決定権」を持ち出す主張の理論的根拠となっているのは、十九世紀イギリスの思想家J・S・ミルが『自由論』(一八五九)のなかで展開した「他者加害」原理というものである。一般に「他者加害に及ばない」「他人に迷惑を掛けない」というのはこの原理のことを言っている。ミルは次のように述べている。

「文明社会の成員に対し、彼の意志に反して、正当に権力を行使しうる唯一の目的は、他人にたいする危害の防止である。

(中略)それが正当とされるためには、彼の思いとどまることが望まれる行為が、だれか他の人に対して害を生みだすことが予測されていなければならない。人間の行為の中で、社会にしたがわなければならない部分は、他人に関係する部分だけである。自分自身にだけ関係する行為においては、彼の独立は、当然、絶対的である。彼自身に対しては、彼自身の身体と精神に対しては、個人は主権者である」(早坂忠訳、中公バックス世界の名著49　ベンサム　J・S・ミル、中央公論社、一九七九年)

すなわち、個人は自律的な存在であるがゆえにその行為は絶対的なものである。国家や社会が個人の行為に干渉し、それを制約するのは、唯一他者に害が及ぶときだけであるとミルは主張している。他者に害を及ぼさないことについては、国家は国民の生活に干渉すべきでないというのがミルの主張である。

もっともミルは「他者加害」原理を説きつつ、それを適用する条件を限定してもいる。ミルは次のように述べる。

「たぶん、いうまでもないことだが、この理論は、成熟した諸能力をもつ人間に対してだけ適用されるものである。われわれは子供たちや、法が定める男女の成人年齢以下の若い人々を問題にしているのではない。まだ他人の保護を必要とする状態にある者たちは、外からの危害と同様、彼ら自身の行為からも保護されなくてはならない」(同右)

ここでミルは、明らかに未成年者などを「他者加害」原理から除外している。「他者加害」原理は成熟した能力を持つ人間に対してのみ適用されるのだと言っているのである。また「自己決定」する際に、その意思内容が高尚になることを期待して国民に対する教育の必要もミルは説いている。ミルは無条件に個人の意思に信頼を寄せていたわけではない。

しかし、このミルの限定つき「他者加害」原理は、限定が取り外され、「他者加害」原理のみが一人歩きをしているのが今日の「自己決定権」の主張である。「誰にも迷惑をかけない」行為については、どんなことでも自由にさせるべきだという見解が盛んに主張されている。

法学者のなかには「人格」の概念を拡大して、事実婚（法律によらない結婚）、夫婦別姓、シングルマザー、同性カップル、ポリガミイ（同時複数性愛）などを、これらの「ライフスタイルは自分の生き方として、自ら主体的に選択したものであり、自己の人格と深く結びついているのだから、その個人にとっては、人格的生存に不可欠なものであり、当然自己決定権の範囲に入る」（二宮周平『家族法改正を考える』日本評論社、一九九三年）とする者もいる。

しかしこの論理の延長線上には、「援助交際」という名の少女売春の正当化論が位置づけられる。「援助交際」もまた、女子中高生の「性の自己決定権」の問題として捉えられ、正当化されるのである。

「自分の性のあり方を自分で決める権利、それが「性の自己決定権」である。（中略）残念ながら、自分の性のあり方を自分自身で決めることができるような雰囲気や環境は、少なくとも日本ではまだ整っていないと言わざるをえない。とくに、十八歳未満の子どもについてはなおさらである。（中略）しかし、時代は大きく変わってきた。（一九八九年に国連で「子どもの権利条約」が採択され、日本もこれを批准したことによって）子どもは未熟で判断能力もないので大人が守り導かねばならないという一面的な子ども観はまさに見直しを迫られているのである」（平野裕二「性の自己決定権ってなに?」性の権利フ

ォーラム編著『「淫行条約」⑬の疑問　少女売春はなくせるか⁉』現代人文社、一九九六年。括弧内は文意に沿って八木が補った）

「内外の状況にかんがみれば、青少年については性的自己決定権を認め、青少年が当たり前に性交することを前提にした教育や行政が必要である」（宮台真司「援助交際問題から何を学ぶか」、『論座』一九九八年四月号）

このように「性の自己決定権」なる概念を持ち出し、青少年が自由に性交する社会を確立しようという主張がなされている。

「自己決定権」論の根拠としてのミルの「他者加害」原理では、未成年者はその適用から除外されていた。しかし、ご覧の通り今日では、未成年者もまた「自己決定権」の主体であるという主張が盛んになされているのである。

†「児童の権利条約」

「援助交際」正当化論も含めて子供たちに「自己決定」させようという主張が今日、盛んになされている背景として、一九八九年の第四十四回国連総会で採択され、我が国でも平成六年（一九九四年）に批准した「児童の権利条約（子どもの権利条約）」の存在があると考えられる。

この条約の趣旨について、国連人権小委員会の委員として条約の起草にも間接的に関わった国際法学者の波多野里望氏は「この条約は、そもそも、発展途上国における子どもたちの人権環境を改善することを「主たる」目的としている」とし、「この条約は、けっして、国内法体系のバランスを崩してまで、子どもの権利を突出させることを締結国に要求しているわけではない」と説明している（『逐条解説　児童の権利条約』有斐閣、一九九四年）。

しかし、こういう条約の趣旨は大幅にねじ曲げられ、条約の批准は従来の子供観をコペルニクス的に一八〇度転換させるという主張がなされてきた。すなわち大人が子供を保護するという「保護の客体」としての子供観から、子供も大人並みの権利行使の主体であるという「権利の主体」としての子供観への転換をもたらすというものである（外務省がこの条約を「児童の権利条約」と訳したのに対して、「子供観の転換」という点を強調する人びとは、「子どもの権利条約」と呼び習わした）。

実際、この条約が「児童（子ども）」（満十八歳未満のすべての者）に成人並みの市民的自由権を保障するものだといった理解のされ方は、中学校の教科書でもそれに近い説明がなされている。

「（この条約では）基本的に大人と同様に、意見を表明する権利や、思想・良心・宗教の自由、結社・集会の自由などの権利を保障したことが注目されています。これは大人に保護される対象としての子どもから、権利を行使する子どもへと、子どもに対する考え方の変革を含んでいるためです。（中略）児童の権利に関する条約は、このほかに、表現・情報の自由（第13条）、プライバシー・通信・名誉の保護（第16条）、教育の目的（第29条）などを定めています」（帝国書院『社会科　中学生の公民　日本の社会のしくみと世界　初訂版』一九九七年）

ところで、条約の批准が「子供観の転換」をもたらすと主張していた人びとが、この条約の原理であると指摘していたのは、子供も大人と同じ自律した権利の主体であるという「子供の自己決定・オートノミー（自律性）」の思想である（この点については森田明『未成年者保護法と現代社会――保護と自律のあいだ』有斐閣、一九九九年を参照）。これはとにもかくにも子供たちの自主性を尊重し、正当化するという発想である。

もっとも「児童の権利条約」は、子供が権利を行使する場合に限定を設けていた。「児童の意見は、その児童の年齢及び成熟度に従って相応に考慮されるものとする」（第一二条）「権利の行使については、一定の制限を課することができる。ただし、その制限は、法律によって定められ、かつ、次の目的のために必要とされるものに限る。(a) 他の者の権利又は信用の尊重 (b) 国の安全、公の秩序又は公衆の健康若しくは道徳の保護」

（第一三条）等の制限規定である。

しかし、これらの制限規定に触れられることなく、「子供の自己決定・オートノミー」を主張する人びとはひたすら子供を権利行使の主体であり、大人並みに権利行使ができるということを強調したのである。

この条約が締約国で遵守されているかどうかを審査するための機関として国連子供の権利委員会（本部・ジュネーブ）がある。平成九年（一九九七年）七月、ここを日本の子供たちが訪ね、意見を表明することがあった。

そのとき、日本の子供たちの声を集めた『子どもたちの報告書』なるものがまとめられたが、そこには「校則が厳しい。なんで茶髪、ピアスはダメなのか。何も勉強の邪魔にならないと思う」などの子供たちの意見が述べられていた（『朝日新聞』一九九七年七月十二日付）。

子供たちがこういう意見を述べたのも、条約の第一二条「意見表明権」などを盾にとれば、服装などを始めとして学校生活全般について規制している校則は緩和されることになり、ピアスも茶髪も容認しなければならなくなると理解したからである。

そればかりか、この条約の解釈によっては校則はもちろんのこと、学校生活、学校運営全般にわたって生徒の意思を尊重しなければならなくなるということさえ主張された。

実際、『生徒人権手帳　「生徒手帳」はもういらない』（平野裕二・苫米地真理・藤井誠二編著、三一新書、一九九〇年）という書物には、「子供の自己決定・オートノミー」の原理をもとに学校生活全般を根本的に変革しようということが説かれている。この本の著者たちによれば、「子どもの権利条約」の批准に伴い「子供の自己決定・オートノミー」の原理から、学校生活において次のような様々な生徒の〝権利〟が導き出されるという。

いわく「自分の服装は自分で決める権利」「自分の髪型は自分で決める権利」「オートバイに乗る権利」「飲酒・喫煙を理由に処分を受けない権利」「いかなる物でも教師に没収されない権利」「学校行事を自分たちでつくり、自治を行なう権利」「校則改正の権利」「集会・団結・結社・サークルと政治活動の権利」「つまらない授業を拒否する権利」「署名を集め、回答を求める権利」「職員会議を傍聴する権利」「学校外の生活を干渉されない権利」「体力テスト、スポーツテストを拒否する権利」「身体測定・健康診断を拒否する権利」「学校に行かない権利」「行事への参加を拒否する権利」「遅刻をしても授業を受ける権利」「何か不都合なことをした場合でも学校に連絡されない権利」「「日の丸」「君が代」「元号」を拒否する権利」「学校外との連絡を自由にとる権利」「自由な恋愛を楽しむ権利」「セックスするかしないか自分で決める権利」等々である。

まさに「子供の自己決定・オートノミー」恐るべし！　といったところであるが、こんなものまでが〝生徒の権利〟として保障されるのであれば、もはや教育は成り立ちはしまい。

これらは、要は子供たちの我がまま勝手な要求を、単に「権利」であると強弁しているにすぎないのだが、「児童の権利条約」の意図的な解釈は子供たちを勘違いさせ、教育現場を混乱させるばかりである。

しかし、この我がまま勝手を要求する子供たちをたしなめるのではなく、逆に様々に理論的な粉飾を凝らしてこれにお墨付きを与える大の大人が出てくる。しかもそれが法律の専門家だというのだからなお始末が悪い。

日弁連編著の『子どもの権利マニュアル——改訂版子どもの人権救済の手引』(こうち書房、一九九五年)なるもののなかには、「子どもの権利条約」から導き出される権利として『生徒人権手帳』記載のものとほぼ同一のものが列挙されている。たとえば服装の問題で言えば、「ボンタン」と呼ばれる変形学生服による通学も認められるべきだというのが日弁連の主張なのである。

大の大人がこういう御墨付きを与えてくれるのであるから、子供たちが勘違いしても無理はない。しかし、これがまかり通るようではもはや〝教育〟とは言えないだろう。

「子供の自己決定・オートノミー」は子供たちの「自主性」をひたすら尊重し、正当化する。しかし、肝心の子供たちの「意思」の中身については問うことはない。未熟なものであれ、子供たちの「意思」はそのまま是認しようとする。

しかし条約の批准と前後して、学校現場にこの「子供の自己決定・オートノミー」の原理が導入された結果、どのような状況が立ち現れるに至ったのか。言うまでもなく教育荒廃である。

†自由という名の無秩序

今日の教育荒廃は未だ発達段階にある子供たちを大人と対等であると幻想させ、彼らの我がまま勝手な要求に規制を与えるのではなくて、逆に「自己決定」「自主自立」の名の下に「権利」「人権」の名を与えて、それを振り回させてしまったことの当然の結果である。

「子供の自己決定・オートノミー」が教育の場に導入されてどのような状況が立ち現れるかについては〝学校崩壊〟の先進国アメリカに先例がある。

アメリカでは一九六〇年代からあらゆる既存の体制に対するプロテスト運動が行なわれた。その一つとして児童解放運動なるものが展開された。その際の原理とされたのが「子供の自己決定・オートノミー」である。実際、この原理が六〇年代から七〇年代後半にかけて学校に適用された結果、どのような事態が立ち現れるに至ったか。

教師と生徒とが年齢や立場が明確に違うにもかかわらず、学校内でも「対等」の関係にあるとされた。生徒のオートノミーが前提とされて、学校が「市民社会」化されたために、法律に反しない限り、他人に迷惑をかけない限り、生徒にはすべての自由・オートノミーが認められることになった。学校独自の校則や教育的指導が通用せず、学校はストリートと同様と考えられるようになった。

その結果、当然のこととして学校や教師の教育力は激減し、揚げ句、学校の環境は激変し、学校内で露骨な性表現が氾濫したり、さらには麻薬の売買や使用、暴力行為が増大するところとなった。

学力も著しく低下し、一九八三年、「危機に立つ国家」という連邦政府の報告書が出され、過去二十年間に学力及び基本的な読み書きの能力が四〇パーセントから五〇パーセント低下し、二〇パーセント近くは文盲であることが明らかになったことが指摘された。

こういう事態を迎えてアメリカは教育環境を改善することに乗り出す。今日ではかつてのように子供たちの「自由」「自己決定」に任せるのではなく、細かく校則を設けて、それを破った者に対しては厳しく処罰する「ゼロ・トレランス」(寛容さなしの指導)という考え方がとられるようになっている(加藤十八『アメリカの事例から学ぶ学校再生の決めてゼロトレランスが学校を建て直した』学事出版、二〇〇〇年を参照)。

これによってアメリカの教育は立ち直りつつあり、学力も向上している。しかし、今日の日本は、かつてのアメリカの失敗例をそのままたどろうとしている。

「子どもの権利条約」は、学校で教職員たちが自らの政治的主張を実現するときにも利用された。「子どもの自己決定・オートノミー」の原理を活用し、子供たちの口を通じて、あるいは子供たちの行動を通して政治的主張を展開する手法である。

その代表例として、国旗掲揚・国歌斉唱を拒否すべく学校主催の卒業式・入学式を生徒の大半が欠席した埼玉県立所沢高校の卒業式・入学式をめぐる騒動(平成十年三—四月)、卒業式の際、校舎の屋上に国旗を掲揚した校長に対して、小学六年生が校長に土下座の謝罪を求めた東京都国立市立第二小学校の騒動(平成十二年三月)などがある。

これらは何れも「児童の権利条約」第一二条の意見表明権や第一四条の思想・良心の自由を根拠に、学校行事は子供たちの意に沿うような内容のものにすることを求めた事件である。しかし、前出の波多野氏によれば思想・良心の自由を謳った権利条約第一四条と国旗の掲揚、国歌の斉唱とはなんら対立するものではない。

すなわち「一般論として、どこの国の国旗に対してもしかるべき敬意を払う(例えば、掲揚の際に起立するなど)のはオリンピックの例を引くまでもなく、すでに「国際的慣行」

になっていると言えよう。したがって、「国旗（もちろん自国のものを含む）に対しては敬意を払うものだ」ということを学校で教え、かつ、機会を見て子どもに実践させることは、おそらくどこの国でもおこなっているところであろうし、本条に対する批判となるおそれはない」のであり、「入学式や卒業式などにおいて国旗を掲揚すること、その際、国旗に敬意を払うために起立すべきことを学校側が指導する（学習指導要領）のは当然であり、「起立しない子ども」に対しては、さらに個別的に説得を試みることも差しつかえない」し、「学校における「国歌斉唱」についても、一般には国旗の場合とほぼ同じことが言える」（前掲書）。

つまり卒業式・入学式における国旗掲揚・国歌斉唱と、「権利条約」の精神とはなんら矛盾するものではないと言うのである。

所沢高校の当時の生徒会も『生徒人権手帳』も日弁連も、「権利条約」第一二条の「意見表明権」や第一三条の「表現の自由」を根拠にしながら、「学校の主人公は生徒」を合言葉に、学校行事のあり方は生徒が決める、校則も生徒が決めると主張していた。

しかし、この点についても、第一二条が該当するのは、波多野氏によると「特定の生徒が自宅謹慎・停学・退学などの処分を受ける場合のことであって、「校則」そのものの一般的な妥当性ではない」し、「たとえば、大学が、学則を制定するにあたって必ずしも学生の意見表明権を認めていないのに、小・中・高校だけが、校則を制定する際に生徒に意見表明権を与える義務を負うわけではない」ということになる（前掲書）。

つまり、「意見表明権」とは処分の対象となる生徒が事情や言い分を述べる際に妥当するのみだというのである。「意見表明権」も本来の趣旨を離れて、拡大解釈されている。

さらに服装や頭髪の自由についても「表現の自由」（第一三条）を根拠にすべて自由になるという主張があるが、これも波多野氏によれば「大人に対しては法律による規律しか課せられなくても、子どもに対して校則とか生徒心得といった「法律によらない規律」を課すことは、本条約において許されているだけでなく、国際的にも承認を得ていると解してよかろう」。「校則によって、制服着用を義務づけ、あるいは、髪形などに制約を加えることも、①定められた服装や髪形が児童・生徒にふさわしいものであり、かつ、②その学校の児童・生徒であるという「誇りを持たせる」とか、「非行を防止する」とかいった教育的目的のためにとられた措置であれば、その規律が社会通念に照らして著しく厳しすぎないかぎり、本条には違反しないと考えられる」ということになる（前掲書）。

学校はあくまで〝教育の場〟であって、これを一般の市民社会と同様に考えてはならないと言うのである。

†「子供はもう市民」か

しかし、考えてみれば波多野氏の説いているところは極めて当たり前のことである。逆に言えば、この〝当たり前のこと〟を〝当たり前のこと〟とさせない論理を「子供の自己決定・オートノミー」の原理は有しているということである。

子供たちの「意見表明権」とは言っても、子供たちには未だ自分自身の考えは確立されていない。実際には子供たちを指導し煽動する教師たちがいて、子供たちは彼らに操られながら発言し行動しているにすぎない。

果たして小学六年生の子供が、「日の丸」が掲揚されることの是非についてどれだけの見識や信念を持ち得るだろうか。結局、子供たちは教師たちに物を言わされ、動かされているにすぎないのである。実際、所沢高校の場合も国立二小の場合も、背後に教職員組合の存在があったことが指摘されている。

しかし、このような騒動があって矢面に立たされるのは当の子供たちである。教師はその背後に隠れて操っているだけである。これはまったく無責任な行動と言うべきものである。「日の丸」「君が代」に反対なのであれば自分たちが表に出て堂々と戦えばよい。子供たちの口を通じて主張するというやり方は、無責任で卑怯な態度と言うほかはないだろう。

「子供の自己決定・オートノミー」を強調する「児童の権利条約」の意図的な解釈は、このように教育の現場を一方で荒廃させ、他方で政治化させている。子供たちを自堕落にするとともに政治的な行動をとらせる原理として「子どもの自己決定・オートノミー」は機能しているのである。

フランスではこの「権利条約」を批准するに当たって、一九九〇年の初めに論争が起きている。このとき哲学者のA・フィンケルクロートがなした発言は「子供の自己決定・オートノミー」という原理の有する問題性を見事に指摘している。

「『子供はもう市民だ!』という考え方は極めて危険な考え方である。子供を完成した人格として見ることは、子供たちの基本的特徴である軽率さ、のんきさ、無責任さを残酷に否定してしまうことになるだけでなく、無防備である子供を、あらゆる社会的影響力や欲望にそのままさらすことになる。子供を大人と同等扱いしたり、彼の選択を無批判に認めたりすることは、彼を尊重したり守ったりすることにならない。かえって子供を煽動して利用しようとする人々のえじきにしてしまう。〝子供が市民になるためには彼はその準備をしなければならない〟と言ったのはコンドルセとカントだが、逆に〝ちがう! 子供は市民だ!〟と言ったのは、ヒトラー、ポル・ポト……スターリンだったではないか」(仏紙『ル・モンド』一九九〇年一月九日付、訳は森田前掲書によりながら一部

を改めた）

フィンケルクロートが指摘するとおり、子供たちに「自己決定」や「オートノミー」を認めることは決して彼らを尊重する姿勢ではない。未熟な要求をも無批判に是認し、子供たちの耳に心地のよい言葉をささやいて利用しようと考えている煽動家の餌食にしてしまう。その意味では、何ら子供たちの利益にはならず、むしろ危険な考え方であると言うべきである。

「教育崩壊」とも言うべき昨今の憂うべき事象を目にするにつけ、教育の場に求められるのは、「人権」の名の下に子供たちの「意思」をそのままに受け入れることではなく、むしろ時としてはその「意思」を矯正するなどして、より高尚なものたらしめるための〝人格の陶冶〟という、本来の意味での「教育の論理」のほうではないかと思われるのである。

†激増する少年犯罪

ここ数年、少年による凶悪犯罪が目立っている。特に平成十二年（二〇〇〇年）には名古屋の中学生が同級生たちによって五千万円を恐喝された事件、同じ愛知県豊川市の「一度殺人を経験してみたかった」と言って十七歳の高校生が主婦を殺害した事件、佐賀の高校生が西鉄バスをバスジャックし、乗客二人を殺傷した事件、岡山県の高校生が野球部の後輩をバットで殺害しようとしたうえに自分の母親を撲殺した事件、大分の高校生が近所の一家六人を皆殺しにしようとした事件等々、世間を震撼させる事件が次々に起こった。

このような少年による凶悪事件の頻発は、国民のあいだに少年法は子供たちにあまりにも寛容ではないか、このまま子供たちを甘い環境の中に置いていてはいけないという声を台頭させ、制定後五十年以上一度も改正されることのなかった少年法を「厳罰化」の方向で一部改正させる結果をもたらした。

こういった大きな事件のみならず、少年たちの常軌を逸した行動が目立っている。平成十三年（二〇〇一年）の元旦には京都の八坂神社で午前零時のカウントダウンとともに賽銭箱に暴走族の少年たちが飛び乗り、制止しようとした神社職員二人を木刀で負傷させる事件が起きている。九州の太宰府天満宮でも大きな賽銭箱に暴走族が入りこみ、参拝者に賽銭を投げつける事件が起きている。

また、同じ平成十三年一月八日に行なわれた成人式では、各地で新成人たちの乱痴気騒ぎが繰り広げられた。香川県高松市では祝辞を述べる市長に新成人によってクラッカーが投げつけられ、逮捕者が出るに至っている。これらの事態を受けて国民のあいだにも、少年たちの行動は目に余るという認識が一般化している。

このような少年たちの目にあまる行動の原因として、「人権教育」という名の下に自分の欲望や意思を解放することをもって善しとする教育が盛んに行なわれる一方で、逆に自分の感情をコントロールするという意味での「道徳教育」が行なわれてこなかったということが考えられる。少年犯罪・非行の背景には「人権教育」の過剰と「道徳教育」の欠如があると言えるだろう。

戦後教育の理念を示しているものに教育基本法がある。一般にはあまり知られていないが、教育基本法は本来、教育勅語の存在を前提とし、教育勅語とワン・セットの形で作られたものであった。教育基本法には道徳教育の理念が欠如しているが、それは教育基本法の起草者が教育勅語を肯定し、道徳教育の理念として教育勅語をあてにし、教育基本法と教育勅語との役割分担を考えたからである。

しかし、教育基本法が制定されて（昭和二十二年三月三十一日）から一年三カ月経った時点になって、GHQの圧力で国会において教育勅語の排除決議、失効確認決議が採択され（昭和二十三年六月十九日）、これによって教育の世界から教育勅語は完全に葬り去られてしまう。このとき以来、戦後の教育は道徳教育の理念を喪失し、道徳教育の理念を欠いたまま今日に至っている（この点の詳細は拙著『誰が教育を滅ぼしたか』PHP研究所、二〇〇一年を参照されたい）。

戦後の社会はこのように道徳教育の理念を欠いたまま出発したこともあって、家庭でも学校でも、子供たちの意思・欲望をコントロールし、それを拘束することに関心を示さないできた。

また、高度経済成長による豊かさの達成や、同じ時代に台頭してきた反体制的な風潮すなわち従来の秩序や規範を徹底的に壊そうというムーブメントによっても社会全体の規範や拘束が減少していった。さらにバブル経済による社会のたがの緩みによって、社会規範は一層失われていった。

このように社会規範が失われた環境のなかで子供たちは、やりたいことをやれ、それがよいことだと言われ続けてきた。しかしこのことは、逆に何をしていいのかわからないニヒリズムを台頭させ、多くの子供たちは目先の刹那的な欲望を満たすことで済ませている。規範意識を喪失しているのは何も子供たちだけではない。大人もまた規範意識を喪失している。本来は子供たちに規範を伝達すべき役割を担う当の大人に、その意思と能力が欠如しているのである。

戦後は一貫して「規範の喪失の時代」であった。そして「規範の喪失」を放置し続けてきたのも戦後という時代である。子供たちの欲求を最大限に尊重し、やりたいことをやらせることが子供にとっても幸せだという感覚が蔓延したのが戦後という時代である。

子供たちの「自由」を過大に評価し、行為の基準・規範を教え込むことに消極的で、子供たちに対して事なかれの対応をしてきたのも、戦後という時代である。今日の子供たちの荒廃ぶりは、いわばこのような戦後の社会風潮の〝成果〟であり、当然の〝結末〟である。

しかし、考えてみれば、こういう戦後の社会風潮は子供たち、そして人間一般をあまりに理想化しすぎていはしないだろうか。人間を性善なるものと捉えすぎてはいないだろうか。

今日の少年犯罪・非行の増加は、少年に対して常に「北風より太陽を」と考えてきた政策の失敗である、と刑法学者の前田雅英氏は指摘している（『少年犯罪　統計から見たその実像』東京大学出版会、二〇〇〇年）。前田氏は、社会に少年に対する媚び・へつらいの姿勢さえ存在してきたのではないかと指摘している。

実際、少年犯罪は極めて深刻な事態に立ち至っている（以下、統計は前田『少年犯罪』を参照）。メディアでは象徴的な事件が報道されるが、その裾野には少年犯罪の深刻な状況がある。少年犯罪の実態は一般に考えられている以上に深刻である。現在では、検挙される人間の半数が少年で占められている。

一九九八年に刑法犯を犯したとして検挙された成人は、一六万七四八人で、人口十万人あたり一六七・五人である。しかし、少年はその十倍を超えている。少年の検挙人数は一五万七三八五人で、同年齢人口十万人あたり、一六九一・九人。つまり少年は成人の十倍の割合で犯罪を犯すようになっているのである。

また、中・高校生の五十人に一人は警察に検挙されている。検挙に至らない不良行為で補導されるのは、さらにその数倍にのぼる。少年犯罪・非行の状況はこれほどに深刻化しており、国民が肌で感じざるを得ない段階にまで達している。一部に少年犯罪の凶悪化は印象論に過ぎず、犯罪は増えていないという論評が見られる。しかし、少年犯罪の増加・凶悪化は統計的にも裏付けられた事実なのである。

少年犯罪は凶悪化していない、増えていないという論評の中で唯一検討に値しそうなのは少年の殺人罪は近年減少しており、しかも非常に低い水準だという指摘である。確かに一九五〇年代、六〇年代に比べると少年の殺人罪は少なくなっている。しかし、ここ十年間をみると少年の殺人犯は明らかに増加している。

戦後一貫して、成人の検挙人員率のほうが少年の検挙人員率よりも高いというのが殺人罪の特色であるが、一九九九年には初めて少年の殺人の検挙人員率のほうが、成人の検挙人員率を上回っている。

殺人罪は戦後の混乱期、一九六〇年代、八〇年代という少年犯罪の多発期においても成人の率のほうが高い特殊な犯罪である。それが成人の率を上回ったということは何より少年犯罪の凶悪化を示す事実と言えよう。殺人、強盗、強姦、放火という凶悪犯も検挙率はここ十年で三倍にもなっている。

†少年法の理念

ここで現在の少年法の背景にある理念を説明しておこう。現行の少年法の背景にあるのは、少年には保護を受ける権利があるという「保護主義」の考え方である。これはアメリカでの経験が踏まえられたものである（この点については森田前掲書を参照)。

十九世紀中期以降のアメリカでは急激な産業化、都市化、スラム化そして移民の流入という現象のなかで伝統的な生活共同体、とりわけ家族が分解し、親の持っていた家庭内での教育能力、監護能力が急激に低下するに至った。

子供が家庭的な保護を失って社会に放り出され、また、法のうえでは大人と同様に扱われた。「契約自由の主体」という名の下に、劣悪な労働市場に剝き出しで曝されることになり、大量の子供が劣悪な労働環境の下で鉱山労働や工場労働に従事することになった。また、親と家族の監護能力の低下は非行少年を増加させるに至った。

このような現実を前に展開されたのが児童救済福祉運動である。子供は大人と同列に扱われると、かえって不利益をこうむることになる。子供は大人と同列の存在ではなく、保護されるべき対象なのだということが主張された。いわば子供は契約締結権をも含むところの「権利行使の主体」の位置から救い出されて、「保護の客体」として〝発見〟されたのである。

こうしたなかから確立された児童福祉制度は、あくまで実の親から与えられるはずであったものを、法すなわち国家が親権代行的に行なうという性質のものであった。アメリカの児童福祉法に言うところの「パレンス・パトリエ」（国親――国は子供の最後の親である）という考え方は以上のことを念頭に置いている。

この考えに従えば、保護の対象とされた子供にはもはや大人と同様の自由は与えられないことになる。たとえば夜に街を徘徊する自由は制限される。制限されることで、かえって子供の利益が図られるという考えからである。少年法の「保護主義」も、実の親が育て損なった子供を親に代わって国が矯正しようという考えに基づくものである。

こういう現在の日本の少年法の背景にもある「保護主義」の考えに大きな変動が見られるようになったのは、アメリカでも一九六〇年代以降のことである。ベトナム戦争をきっかけに、伝統的な制度的権威一般に対する反感とプロテストがアメリカ社会に燎原の火のように拡がっていくなかで、親子関係の擬制（フィクション）の上に成り立っていた従来の「保護主義」のパターナリズムが不信と懐疑に曝され始めるのである。

「保護主義」に対する批判として主張された考えの一つに、前章で詳述した「子供の自己決定・オートノミー（自律性）」の主張がある。子供も大人と同じ自律した「権利の主体」であるという考えが主張され、七〇年代には子供の権利運動、児童解放運動が展開されたのである。

そして、この考えに基づいて、少年法の基盤となっている〝父親役の親切な判事と少年〟をモデルにした非形式的審理と「矯正の理想」も廃棄されるべきものと考えられた。こうして八〇年代にはパレンス・パトリエ型のモデルは姿を消していった。

「保護主義」は本来、福祉を理念とし、少年を保護し、教育し直すことをその根幹に置いている。親が育て損なった子供を国家がそれになり代わって鍛え直す、育て直すという発想である。これは基本的に国家を信頼する発想である。

これに対し、「子供の自己決定・オートノミー」は国家に対する不信を前提にしている。同じく国家への不信を前提にし、「保護主義」への批判として主張された理論に「ラベリング理論」がある（以下、アメリカの刑罰理論については前田前掲書を参照）。「ラベリング理論」とは、犯罪は刑法を適用して犯罪というレッテルを貼ることによって初めて生まれるという考えで、犯罪は刑事司法機関の発令で生み出されるという理論である。

「ラベリング理論」では「犯罪少年」と「問題少年」とを明確に区別し、「問題少年」には犯罪というラベル、レッテルを貼らないようにする。「犯罪」という高いハードルを設けて、それに達した者だけが「犯罪少年」で、達しない者は「問題少年」であるとし、なるべく寛容に処遇をすることを求める考えである。

「ラベリング理論」は「問題少年」に関しては、①非犯罪化（decriminalization）②非収容化（deinstitutionalization）③ディバージョン（deversion）の3Dで対処する。

第一の「非犯罪化」とは犯罪のリストを限定し、今まで犯罪とされてきた行為を犯罪でなくする、つまり犯罪者の烙印を回避することである。回避する確実な方法は法規範の数を減少させることである。これによって、従来は犯罪とされるようなことでも犯罪とされなくなった。

第二の「非収容化」とは犯罪者を刑務所ではなく、地域社会で処遇しようという政策である。なるべく保護観察処分にしたり、少年院には収容しないという考えである。第三の「ディバージョン」とは、軽微な犯罪を司法機関の流れからはずして処理するという考えである。いわば刑事制裁の規制緩和である。

このような理論が、「保護主義」に対する批判として主張された。「保護主義」は福祉的な発想であるから子供たちをなるべく保護しようとするが、他方、「保護」の名の下に子供たちの生活に介入し干渉する。

しかし、「ラベリング理論」は「犯罪」という小さなカテゴリーを作り、それに達しない者には自由を認める。「ラベリング理論」もまた「子供の自己決定・オートノミー」を原理とする児童解放運動、子供の権利運動と同様に、子供たちの行為に対する規制を取り除く。「自由」を主張しながら、その結果に対する「責任」については子供たちに寛容な姿勢を示す発想である。

こうして「子供の自己決定・オートノミー」と「ラベリング理論」とが結びつくことによって、「責任なき自由」という考えが生まれることになる。また、それとともに「何をやってもおかまいなし」という空気が蔓延することになる。実はこれこそが、少年犯罪・非行増加の精神的土壌であると言ってよいのである。

実際、我が国でも少年たちは「二十歳までなら何をやっても平気」と、様々な犯罪行為・非行を働いている。これは大人たちが「ラベリング理論」や「子供の自己決定・オートノミー」の影響を受けて、少年たちに過剰に寛容な姿勢を示していることを当の少年たちが知っているためである。

†アメリカの「応報刑論」と「威嚇抑止論」

アメリカでも一九六〇年代以降、少年犯罪・非行は目に見えて増えていった。

激増する少年犯罪・非行という事態を受けて、アメリカでは八〇年代から、「子供の自己決定・オートノミー」や「ラベリング理論」に対抗する発想が出てきた。「応報刑論」と「威嚇抑止論」である。

「応報刑論」も「威嚇抑止論」も、「保護主義」に対する批判として出てきたという点においては「ラベリング理論」と同様である。子供とはいえ、その生活に国家が介入することを求める「保護主義」は、国家はなるべく国民の生活に干渉しないほうがよいという自由主義の立場から批判されたのである。

自由主義の立場に立つ「応報刑論」とは、犯した犯罪に対して相応の制裁を受けるという理論である。犯した犯罪に応じた刑罰を受けるということであるから、「犯罪と刑罰」が秤にかけられる。刑罰に対する国家の裁量が小さく、それだけ国家が介入する余地は少ない。

「威嚇抑止論」とは凶悪な犯罪者は痛い目に遭わせる必要があるという考えで、犯罪者に対する甘やかしが犯罪激増の原因だと見て、刑罰を重くする発想である。

「保護主義」が少年犯罪に対して刑罰よりは教育・治療によって少年を更生させることを目的とし、「ラベリング理論」もなるべく犯罪化しない、収容しないということを主張しているのに対し、「応報刑論」と「威嚇抑止論」は少年であっても厳しく処遇する。

このような刑罰理論の転換を背景としながら、一九八一年のレーガン政権の誕生とともに従来の3D政策を擁護する理論はほぼ消滅し、粗暴少年の処罰が人びとの関心の的になっていった。

少年司法と非行防止のための連邦審議委員会が大統領と議会に報告書を提出し、少年司法の領域における従来の哲学と活動から訣別すべき時がきた、連邦の努力は粗暴凶悪犯の累犯少年にこそ注がれるべきである、と勧告したのは一九八四年のことである。

同じ頃、レーガン政権下でこの問題の責任者となったレグナリー少年司法非行防止局長は、講演で次のように述べている。

「われわれは軽微な犯罪少年や、虞犯不良少年ではなく、凶悪犯罪少年に力点を置くべく当局の見解を変更した。裁判所は犯罪を犯した少年に対して責任を取ることが必要であることを示さなければならない。犯罪の原因について理解することは、犯罪少年を大目に見るということではない。少年の過去がどうであれ、少年を免責する口実にはならない。犯行の背景や理由がなんであれ、法は遵守されねばならず、違反した場合には責任を問われるということを、少年にしっかり教えねばならない」(前田前掲書より引用)

彼は「応報刑論」の立場に立つことを公言したのである。

また、少年に対する厳罰主義を正面から主張したのが「威嚇抑止論」である。なるほど子供には大人と同様の行為責任はない。しかし、十四歳の犯罪者はもはや子供ではない。彼らは大人顔負けの行動をしている。

十五歳の暴殺犯による被害のほうが二十一歳の暴殺犯による被害よりも小さいわけではない。社会防衛の必要性は同じである。少年を成人とは別の施設に拘禁することは構わないが、適用される法と審議手続きは大人と同一であるべきだ、という発想である。少年犯罪の増加は法の甘やかしの結果であるとする考えである。

従来の政策が少年に対する太陽政策であったのに対して、「応報刑論」と「威嚇抑止論」は北風政策である。アメリカは北風政策に転換したのである。実際、この政策の転換によってアメリカの犯罪状況、特に少年犯罪の発生状況はすぐに効果が現れるとまでは行かなかったが、徐々に好転し、減少に転じていった。太陽政策から北風政策への転換によって少年犯罪が減ったのである。

†ニューヨークの試み

その意味ではニューヨークの例は顕著である（以下、この点については小田晋「狂った17歳をいつまで〝放し飼い〟にするのか」（『諸君！』二〇〇〇年七月号）を参照）。ニューヨークは、かつて犯罪の巣窟のような都市であった。それが一九九三年以降、急激に犯罪が減っていった。ニューヨーク州知事と市長がともに民主党系のリベラル派から共和党系の保守派に替わったためである。

彼らが唱えたのは「タフ・ポリシー」という理念であった。犯罪に対して強硬姿勢で臨むというものである。従来の民主党系の州知事や市長は、死刑を復活しても犯罪は減らないだとか、少年犯罪に対する厳罰主義は無効だとかということを言っていた。それが一九九三年の選挙で彼らが負け、共和党系の保守派の州知事、市長が誕生した。新しくニューヨーク市長になったのは共和党の前連邦検事ルドルフ・ジュリアーニで、知事はやはり共和党出身のG・パダキである。この二人が協力して警察官の大幅増員、法と秩序の回復をアピールし、これで選挙戦を勝ち、実際に公約を実践したのである。

彼らは行動主義心理学でいう「壊れた窓理論」を採用した。つまり窓ガラスの割れた自動車をスラム街に放置しておくと、アッという間にその車は略奪されてスクラップになってしまう。窓の小さな傷がより大きな犯罪を呼び込むというのである。

この考えに基づいて、微罪摘発が凶悪犯罪を防ぐという姿勢をとることで地下鉄の落書きやかっぱらい、路上にたむろすること、さらに今日の日本でいうところのオヤジ狩りなどの犯罪行為をも警察が厳しく取り締まることにした。小さな犯罪を見逃す事は凶悪な犯罪の温床になるとして、これをまず取り締まり、実際に効果を挙げたのである。そして、これが市民や州民にも支持され、一九九七年に彼らは再選されることになる。

一九九三年から九七年までの間、ニューヨークでは殺人事件が三四パーセントも減少している。レイプ（強姦）が一七パーセント減少し、強盗事件も三五パーセント減少、暴行は一八パーセント減少している。

一方、犯罪者が刑務所に入る割合も、全米でその頃から高くなっている。「タフ・ポリシー」を適用したためである。殺人犯の場合は五四パーセント増加し、レイプ犯は二〇パーセント、強盗犯が二四パーセント、暴行犯が二六パーセント増加した。刑の適用が厳しくなった結果である。受刑期間も八〇年代に比べて伸びている。ニューヨークでは犯罪が減少して、一九六〇年代のレベルにまで減るだろうと言われている。

この手法は日本でも効果を挙げている。平成十年（一九九八）、福岡県警本部は少年の恐喝と強盗に対して原則的に検挙する方針を打ち出した。すると、福岡県北部での強盗と恐喝が激減した。少年たちはこれだけのことをすればこれだけの刑罰が課されると予測し、抑止したのである。

「タフ・ポリシー」によってアメリカの少年犯罪、一般の犯罪は激減していった。さきにアメリカの教育は「ゼロ・トレランス」という考えによって立て直されていることを紹介したが、両者は同じ哲学に基づいている。子供たちを甘やかすことなく、厳しく接し、場合によっては制裁を課すことまでして人格を陶冶してやるという姿勢である。

しかるにわが国では、少年法の規定により十四歳から十六歳の少年が犯罪を起こした場合には、初等少年院に送られるにしても収容期間は短縮されて、現在では七カ月間くらいであると言われている。長くても三年である。三年もすれば社会復帰できる、どんな犯罪を起こしてもこの程度で許されるということが少年たちに認知されているのである。

しかし、犯罪行為を働いたら少年刑務所や少年院に収容され、厳しく処罰されるということが少年たちに周知徹底されることにより少年犯罪・非行が抑止できることは、アメリカの事例を見ても明らかである。

子供たちに甘く、「自由」や「自己決定」に肯定的な姿勢を示す一方で、その結果に対する「責任」に寛容な大人社会のあり方が、今日の少年犯罪・非行の増加や教育荒廃を招いていると言ってよい。「人権」が子供たちに過剰な自由を与え、「人権」がまた責任を逃れさせてくれる。「人権」が日本の子供たちを駄目にしているのである。

2 「人権」が家族の絆を脅かす

†日本国憲法における家族の位置

大阪弁護士会が平成十二年（二〇〇〇）十一月に公表した『少年法等の一部を改正する法律案に対する意見書——事例検討等から見た少年法を厳罰化、刑罰化する事の問題点』と題する意見書がある。神戸の連続児童殺傷事件が起きた平成九年（一九九七）以降に全国で起きた重大少年犯罪を追跡調査した結果、その背景に家庭環境の変化あるいは家庭の崩壊があるという内容である。

『意見書』は家庭環境が普通に見える場合でも、実質的には機能が崩壊している事例が大半だったと指摘している。そして「普通の少年がいきなり重大な非行行動に至るという事実は確認できなかった」と結論づけている。

これは一般の認識とかなり異なったものである。一般には普通の子が突然「キレる」と思われているが、詳細に事例を調べていった結果、普通の少年がいきなり「キレる」、犯罪を起こす、非行に走ることはなかったということが明らかになったというのである。

表面的にはごく普通に見える家庭でも、体罰が日常化していたり、少年が親の愛情を感じられなかったりしていることが明らかになっている。『意見書』のなかに、神戸事件以降の少年事件に見る家庭環境として六つの事例が上げられている。

A　両親は、少年に対する暴力があったと供述。少年が二歳のときに離婚した父との接触は途絶え、母も後に出奔したため、祖母に育てられた。

B　少年には多くの兄弟がいるが、うち数人は異父弟。幼少時から兄弟の中で少年だけが母から体罰を受けた。七歳の時に両親は離婚した。

C　父は「普通の会社員」だが、少年が中学一年のときに母が自殺をした。父は子供たちにその原因があると言い、少年は父の気を引くため家出を繰り返した。

D　母親は男性が出来る度に家出をして、男性と別れると、その男性との間に出来た子を連れて実家に戻る事を繰り返した。少年らは祖父母に育てられた。

E　家族は「普通の生活」をしていたが、「母が信用してくれない」経験が少年に重なり、心的外傷に。父が単身赴任をすると家族との関係はさらに希薄になった。

F　父は会社員。少年は幼少時から母の体罰を受け、温かく接してもらった記憶がない。成績もふるわず、スパルタ教育を受けたが成果はなかなか出なかった。

このように、少年犯罪の背景には何れも家庭環境に問題がある。親の素行、子供に対する態度、そこに少年犯罪の背景があったことが明確に指摘されている。家庭崩壊こそが少年犯罪の温床になっているのである。

現代の家族は危機的な状況にあると言われている。家族の絆、家族のつながりが希薄化している。家族は分解し、崩壊の方向に向かっているという指摘もある。その原因は様々に指摘できるが、ここで「人権」が家族の結束を脆いものにし、解体させているということを指摘しておきたい。しかしその問題を考える前に、日本国憲法における家族の位置づけの問題を考えてみたい。

日本国憲法（一九四六年十一月）には、国家が家族を尊重・保護する趣旨の規定が存在しない。同時期に制定された国連の「世界人権宣言」（一九四八年十二月）は、日本国憲法第二四条と似た「婚姻は婚姻の意思を有する両当事者の自由かつ完全な同意によってのみ成立する」（第一六条第二項）という規定を持つとともに、「家庭は、社会の自然かつ基本的な集団単位であって、社会および国の保護をうける権利を有する」（第一六条第三項）と規定している。

日本と同じ敗戦国のドイツやイタリアでも、それぞれドイツ連邦共和国基本法（一九四九年五月）では「婚姻および家族は国家秩序の特別の保護をうける」（第六条第一項）、イタリア共和国憲法（一九四七年十二月）でも「共和国は、経済的措置およびその他の方法により、家庭の形式およびその任務の遂行を、多数家庭に特別な考慮を払いつつ、助ける」（第三一条前段）と規定し、国家が家族を社会の基礎的単位として尊重し保護する旨の規定を設けている。

しかしながら、日本国憲法にあるのは次のような規定のみである。

「婚姻は両性の合意のみに基づいて成立し、夫婦が同等の権利を有することを基本として、相互の協力により維持されなければならない。配偶者の選択、財産権、相続、住居の選定、離婚ならびに婚姻及び家族に関するその他の事項に関しては、法律は個人の尊厳と両性の本質的平等に立脚して制定されなければならない」（第二四条）

これは家族というものを社会の基礎的単位として、尊重・保護するというよりは、第一三条が規定する「個人の尊重」と第一四条が規定する「法の下の平等」の原理によって家族生活を営まなければならないことを規定したもので、平等な「個人」の結合体として家族を捉える趣旨である。

日本国憲法がこのように家族尊重・保護の規定を持たないのは、直接にはマッカーサー草案（一九四六年二月）にあった「家庭は、人類社会の基礎であり、その伝統は、善きにつけ悪しきにつけ国全体に浸透する」（第二三条）という規定が削除されたことによる。

この文章に始まる規定自体は、ベアテ・シロタという当時二十一歳の秘書兼アシスタントの女性が、ドイツのワイマール憲法（一九一九年）第一一九条にいう「婚姻は、家族生活および国民の維持・増殖の基礎として、憲法の特別の保護をうける。婚姻は両性の同権を基礎とする」（第一項）、「家族の清潔維持、健全化および社会的助長は、国および市町村の任務である」（第二項前段）という規定や、ソヴェト連邦のスターリン憲法（一九三六年）におけるさまざまな母性保護規定に魅惑され、家族尊重規定や母性保護規定を日本の憲法にも盛り込みたいという思いがあったものの、GHQ民政局内の反対にあって削除されたことによる（ベアテ・シロタ・ゴードン『1945年のクリスマス——日本国憲法に「男女平等」を書いた女の自伝』平岡磨紀子（構成・文）、柏書房、一九九五年）。削除された理由は、憲法にそこまでの細かい規定を設ける必要はないということであった。

†「家」制度廃止論

しかしながら、こういうGHQ側の事情もさることながら、日本国憲法に家族についての規定が存在しない理由として、日本側の「家」制度廃止論者がその背景に存在していたことが推測される。彼らは「家」制度を否定するために、家族からの「個人の解放」を説くのみで、家族における人間の統合を説くことはなかった。そのため、後に述べるように憲法に家族尊重・保護規定を設けるべきだという主張にも反対した。

「家」制度廃止の考えは当初GHQ側にも、また当時の日本政府——吉田茂内閣総理大臣や木村篤太郎司法大臣、金森徳次郎国務大臣にもなかった。当時、司法省民事局長であった奥野健一は、GHQが「家」制度の廃止には関与しなかったことを次のように証言している。

「私はその責任者であった関係上、司令部とのいろいろな交渉はいたしましたが、正面きって家の制度を廃止しろといったようなことは全然ありませんでした。

（中略）ただ、司令部で民間情報局におったウィード女史なんかの個人的意見としては家制度は廃止すべきなのではないかという意見は洩されたことはありました。……個人的な意見はありましたが、司令部として絶対に家の制度は廃止しろといったことはないのであります」（我妻栄編『戦後における民法改正の経過』日本評論社、一九五六年）

それでは「家」制度の廃止を画策したのは誰だったのか。それは当時、民法改正起草委員であった我妻栄と中川善之助という二人の民法学者である。この点についても、奥野は次のように証言している。

「我妻さんと中川さんとが……木村大臣とお会いになって、戸主・家族その他の家の制度に関する法律を廃止しないというような政府の方針であれば、われわれは委員の仕事はやっていけない、ということを強く言われた記憶がありますがね。……家・戸主権・家督相続の制度は廃止する必要がないと明瞭に答弁した金森国務大臣なども、この時には民法改正起草委員の意見に動かされて、これを廃止すべきことを決定し」た(同右)。

このように、自らの辞職をちらつかせながら我妻と中川が司法大臣に圧力をかけ、「家」制度の廃止を迫ったというのである。この点について、当の我妻自身も次のように述べている。

「われわれ起草委員は、家を廃止するという立場でもう立案しているのだから、いまさらそうなっては仕事ができないということを中川君と二人でいいに行った。木村さんはそれを諒とされたでしょう。その頃から木村さんの議会の説明はすっかりかわって、戸主も家も廃さなければ憲法の趣旨は通らないから、廃止するということをいわれたのです。金森さんの答弁も調子がかわった……。

(中略)ただ私は、政府がそうやっていやいやながら家や戸主を廃止するというような態度では、新法を実施していくことがはなはだむずかしくなるだろう、その点しっかりやってもらわなければならんという意味のことしかいわなかったのです」(同右)

我妻、中川が「家」制度の廃止を主張したのは、彼らが影響を受けていたマルクス主義の論理、たとえばマルクス／エンゲルスの『共産党宣言』(一八四八)では資本主義に基づく家族は廃止すべきことを求めているが、この「家族の廃止!」というマルクス主義のテーゼに沿ったものであるか否かは証明できない。しかしながら彼らにとって、「家」制度の廃止はかねてからの念願であったことは間違いない。

彼らはマルクスやマックス・ヴェーバーの理論(もちろん「価値自由」の立場に立つヴェーバーの理論は直接、否定すべきことは主張してはいないが)を使うことによって、「家」制度こそは近代社会もしくは来るべき社会主義社会において否定されるべき「家父長制」であると考えた。しかしながら、彼らが否定すべき対象とみた「家」制度の実態は、必ずしも「家父長制」的なものでなかったことが今日では指摘されている。

我妻、中川が「家」制度の廃止を唱えたのは、「家」制度の実態から来る実際的な要請であったというよりは、彼らが依拠した理論、イデオロギーによる要請であったと考えたほうが真実に近いであろう。

「家」制度は実態としては、たとえば婿養子や夫婦養子の許容に見られるように必ずしも血縁や儒教的な父系出自にこだわったものではなく、個人の能力をも重視する原理を持つものであった。

また女性の地位も、その当時の諸外国と比べて総体的に高かったことが知られている。

明治民法における戸主の家族に対する「支配権」は、法律の規定の上から見ても「たいして強力なものではなく、封建社会における家長権の強大であったのに比べると、ひじょうに微弱化したものといえる」、「民法施行後の実践の跡を見ると、……微弱な戸主権をいっそう制限しようとする傾向があった」、「戸主権以外の点においても、いわゆる「家族制度」的な規定をなるべく弱くし、その適用範囲をなるべく縮小しようとする努力が判例および学説においてなされた」という指摘も、「家」制度に否定的な論者からさえなされている（西村信雄『戦後日本家族法の民主化（上巻）』法律文化社、一九七八年）。

つまり「家」制度はその実態によって廃止されるべきと考えられたわけではなく、むしろイデオロギー的な要請によって廃止され、否定されるべきものと考えられたのである。

しかし我妻、中川両人は、何としてでも「家」制度を廃止したかった。すでに「家」制度の廃止を前提にした草案を作成していた彼らは、刑法学者の牧野英一が提案した封建制度以前のわが国古来の家族倫理の重要性を盛り込んだ修正案に、強硬に反対した。

そのときのことを中川が「早く決をとってしまおう、決を取ってしまえば大丈夫、修正案は敗れるからなどといったことを覚えています」と回顧したのを受けて、我妻も「そうなんだ、もう立案の方がいそがしくて、こんなことで時間をくっているのが実にばかげているという気がしたんですね」と応じている（『戦後における民法改正の経過』）。

†民法改正案研究会

二人に押し切られて「家」制度の廃止は決まったが、我妻、中川の「尽力」にもかかわらず、戦後の民法は「家」制度の廃止が「不徹底」なものとなった。

そのため、進歩的な法学者たち、具体的には磯田進、内田力蔵、川島武宜、熊倉武、来栖三郎、杉之原舜一、立石芳枝、野田良之、野村平爾、山之内一郎、渡辺美恵子といった人びとをメンバーとする「民法改正案研究会」は「民法改正案に対する意見書」を発表し、改正案（すなわち現行民法）を批判した。

そこでは「改正案を見るに、全体として、家族法民主化の趣旨がきわめて不徹底にしか実現されず、旧来の封建的家族制度の遺物が随所に残存している。……たとえば「氏」の制度が改正案においてはさながら旧来の「家」の生まれかわりに等しいような内容のものになっている等。……われわれはかかる事態を遺憾とし、改正案の中からすべての非民主的な要素を洗い落として、世界に誇るに足る、真に民主的な家族法の制定を実現したいと念願するものである」と述べ、具体的には「氏」の制度と戸籍制度、祭祀相続、成年者養子制度、扶養の規定を批判している（『法律時報』第十九巻第八号）。

同様に「氏」には「家」の亡霊が乗り移っており、戸籍制度は「家」の抜け殻であるという批判（於保不二雄「氏と戸籍」『法曹時報』第二巻第五号）や、「家やぶれて氏あり」という指摘（宮沢俊義「家やぶれて氏あり」『法律タイムズ』第七号）がなされた。

我妻自身も、後に現行民法の「民主化」の「不徹底」を批判し、自分にできなかった「民主化」を徹底させるべく、若い世代に「民主主義革命」に邁進すべきことを次のように説いた。

「革新は、若い者の手によらなければ決して成就しない。同人諸君は、その若々しい意気をもって、民法の妥協的態度を攻撃しながら、ひたすら邁進すべきである。古い世代の人々の憂いを杞憂におわらせることを、みずからの責任としてひきうける覚悟さえあれば、何人の非難も、あえて顧慮する必要はない」（『民法改正余話――新しい家の倫理』一九四九年、クレス出版より一九九〇年に復刊）

我妻はこうして民法の「妥協的態度」を攻撃し、徹底した家族の「民主化」、徹底した「家」制度的なものの排除、このための「民主主義革命」に邁進せよと若者を煽るのである。

実は夫婦別姓の導入に代表される今日の民法改正の主張は、このときの「民法改正案研究会」や我妻の主張を継承し、さらに発展させたものである。

我妻や「民法改正案研究会」は「家」制度からの「個人」の解放を主張したが、今日の民法改正の主張は、現行民法が単位として想定している近代的小家族（核家族）からの「個人」の解放をも主張している。

この点、夫婦別姓など民法改正を求める主張は「個人の尊厳」を原理とする日本国憲法第二四条の論理的な帰結であり、第二四条は「家族解体条項」であるという指摘がある。「日本国憲法第二四条から、家族への保護的関心を過度に読み出すことは、妥当ではない。むしろ、「個人の尊厳」の強調は、本気でそれを貫徹しようとするならば家族を解体させる要因にもなりうる、という意味で、家族解体条項としての論理的含意をも備えているのである」（樋口陽一『転換期の憲法？』敬文堂、一九九六年）

ちなみに樋口氏は、家族の解体は望ましいもので、目指すべき方向であると位置づけている。

また今日では、「男女共同参画」すなわち「ジェンダー・フリー」の発想が台頭しているが、これは性別、男女の性別役割からの解放を説き、属性のない、どこまでも「個人」であることを求める発想である。

「男女共同参画」という発想には、女性の自立や経済的合理性という視点はあっても、家族の共同性（絆）や子供にとって如何なる生育環境がよいのかといった視点は完全に欠落している。ひたすら「解放の原理」、とりわけ女性の家族からの解放、女性の労働者化を説き、家族を「個人」に還元する論理を展開するのみである。

日本国憲法の草案を審議した第九十回帝国議会で、当時貴族院議員だった前出の牧野英一は本会議で、憲法に家族尊重条項を設けるべきことを提案している。

「現在のわれわれの生活に於て……一つの家族協同体を持って居りまするが、併しそれは放って置けば今日の産業関係の結果としてどう云う運命に接するかもしれない状況にあるのです。それで矢張り夫婦と云うものを法律上なんとかして置かなければならないと云うことであるならば、矢張りこの家族協同体と云うことを少なくともそれと同等に憲法上明らかにして於て然るべきことではないかと思うのであります……。

（中略）現実に我々が営んで居りまする家族協同体と云うものが、資本主義の為に段々崩れて行くと云うことは、我が国だけの問題ではございませぬ。民主主義の諸国、先進諸国に於ても、孰れもこの点を問題にして居りまする……」（昭和二十一年八月二十七日、清水伸『逐条日本国憲法審議録（増訂版）第二巻』原書房、一九七六年）

牧野は普遍的な問題として資本主義社会の進展とともに家族共同体の絆は弱くなる運命にあるという認識を持ち、それに抗するためには憲法の明文でもって意識的に家族を保護する必要があると説いたのであった。

牧野はまた「わが憲法第二十四条の規定は、その形式上、人をして、……統合の原則を忘れせしめるものがある」と述べ、もっぱら「解放の原理」を説く我妻の「民主主義革命」に対して、「わたくしが「民主主義革命」の今後の発展に期待しているのは、家族生活の解体ではなくして、その統合である」と、家族の「統合の原理」の必要を説いたのであった（『家族尊重の原理』一九五四年、クレス出版より一九九〇年に復刊）。

牧野が予測したように、豊かで自由な戦後社会のなかで家族は確実に今、連帯感を失い、加えて夫婦別姓をはじめとする民法改正の主張や「男女共同参画」に代表される「解放の原理」に基づく発想によって、その存立すら危うくなっている。

今日の家族が危機にあるとして、我々が家族というものに少なくとも存在意義を認めようとするならば、現行憲法が規定する「解放の原理」ばかりを主張するのではなく、牧野が説いた「統合の原理」をも視野に入れる必要があるのではないだろうか。

†ライフスタイルにおける自己決定権

さきに「人権」「「人間」の権利」という場合の「人間」とは、あらゆる属性が取り払われたアトム（原子）としての「個人」であることを指摘した。また今日、このアトム（原子）としての「個人」の権利を最も先鋭的に打ち出している主張として、「ライフスタイルにおける自己決定権」があることも指摘した。

「ライフスタイルにおける自己決定権」の主張は、家族の問題で言えば、さきにも少々触れた民法改正を求める主張として展開されている（以下は、榊原富士子・吉岡睦子・福島瑞穂『結婚が変わる、家族が変わる――家族法・戸籍法　大改正のすすめ』（日本評論社、一九九三年）、辻村みよ子『女性と人権』（日本評論社、一九九七年）および福島瑞穂「『既婚』はもう恋の障害じゃない」（『婦人公論』一九九四年七月号）に紹介されているものを整理した）。

その代表的なものとして、民法第七五〇条に規定されている夫婦同姓の制度を改めるべきだという主張がある。これは結婚に伴い夫婦が同一の姓を称することを規定している同条が、結婚しても姓を改めたくない者の姓の不変更権を侵害し、さらにお互いに姓を改めたくない者同士の結婚の自由を制限するとし、夫婦がそれぞれ別の姓を称することを容認する選択的夫婦別姓制の導入を検討すべきという主張である。

また民法第九〇〇条四号但書は、非嫡出子すなわち婚姻外で生まれた子供の相続分を嫡出子すなわち親が婚姻に基づいて生まれた子供のそれの二分の一とする規定であるが、これは非嫡出子を嫡出子と差別しているという意味で平等論の点から問題があるばかりか、こういった不平等の扱いを受ける非嫡出子を産むまい、妊娠しても中絶するしかないように親の生き方を左右するという意味で親の「ライフスタイルについての自己決定権」を侵害するとし、非嫡出子の相続分を嫡出子と同一にすべきという主張がある。

さらに、民法第七三三条は女性についてのみ六カ月間の再婚禁止期間を設けているが、これは女性の結婚する権利、離婚後すぐにでも再婚したいという女性の結婚についての自己決定権を侵害するとし、再婚禁止期間を設ける意義が子供の父親の推定のためであれば、今日の医療技術の進歩を考慮して短縮もしくは廃止すべきという主張がある。

直系姻族間の結婚を禁止した第七三五条、養親子関係の結婚を禁止した第七三六条も、血縁関係のない者同士の結婚を禁止し、さらに姻族関係や親族関係が終了した後も、これを禁止していることは、当事者の結婚の意思を制約し、結婚についての自己決定権を侵害する。第七三四条で血縁関係にある近親者の結婚が禁止されているのは、優生学上の配慮によるものであり、合理性があると考えられるが、直系姻族間や養親子関係間のように血縁関係のない者同士の結婚の禁止には優生学上の配慮も及ばないので、これらを禁止する規定に合理性はない、廃止されるべきだという主張がある。

また民法上、特に規定はないが、婚姻関係の当然の前提とされ、さらに学説も支持しているる夫婦がお互いの貞操を守る義務についても、恋愛は本来、自由競争のものであるから守操義務によって、特に婚姻という男女関係のみが保護されて、それ以外の男女関係が保護されないのは不当であり、すでに他の異性との間で婚姻関係にある相手との恋愛の自由を侵害する。婚姻関係のみを保護せず、いわゆる不倫関係も結婚と同じように扱うべきだという主張がある。

さらに日本国憲法の第二四条一項は、婚姻を両性すなわち男女の合意に基づいて成立するものと規定しているが、これは同性カップルには婚姻関係を認めず、婚姻関係に入る道を塞いでおり、同性愛に基づく結婚の自由を制約するという主張がなされている。

「ライフスタイルについての自己決定権」を援用した民法改正を求める主張には以上のものがある。しかし、ここでは特に夫婦別姓の問題について論じることにしたい。夫婦別姓の主張は、「ライフスタイルにおける自己決定権」の主張が姓名の次元に現れたものである。

現行の夫婦同姓の制度の問題点として、これまで指摘されてきたのは、次の三点である。
①夫婦同姓は結婚によって改姓を強制されるものに社会生活上の不便、不利益をもたらしている。結婚によって姓を変えると、各種書類、証明書等の名義変更などを必要とされ、研究者やキャリアウーマンのように自分の名前で仕事をする者の場合、姓の変更は職業上の生命の断絶を意味する場合もある。
②夫婦同姓は戦前の「家」制度や「家」意識の残滓である。結婚して姓を変えることは女性に夫の「家」に入る、嫁に行くという意識を植え付けるものである。
③夫婦同姓は個人のアイデンティティを侵害するものである。結婚による改姓は長年親

しんできた姓を捨てることであり、アイデンティティを喪失させる。

これら三つのうち、夫婦別姓を求める主張は、当初はもっぱら生活上の不便を指摘した①を言うものだった。職場における旧姓使用を認めよという主張である。これは労働慣行を変えることで解決されるものであり、何も民法を改正する必要はない。しかし、これをきっかけに別姓を求める主張は次第に②、③のようなイデオロギー色の強いものになっていった。

②の指摘は、現行の夫婦同姓の制度の中に戦前の「家」制度の残滓があり、それゆえに見直すべきである主張である。ここでは「家」制度や「家」意識というものが、あってはならない忌わしいものであると考えられている。また「家」制度、「家」意識の下では、家族構成員、特に妻、女性が抑圧的な立場に置かれ、そこから解放されなければならないということが想定されている。

†「個人の尊厳」について

「家」がこのように否定的に捉えられているのは現実に「家」制度の下で家族構成員が抑圧的な状況にあったからでも、生命が脅かされるような、あるいは人間としての生存を否定されるような状況にあったからでもない。「家」が否定されるのは、すでに指摘したようにもっぱらイデオロギー上の要請によるものである。

「家」が否定される理由の一つは、憲法学者や民法学者の多くが「家」制度を、憲法や民法に規定されている「個人の尊厳」という近代憲法の中核原理に反する存在だと捉えているからである。

「個人の尊厳」は近代社会の構造原理を表現したものであると言われる。そのときに引き合いに出されるのがフランス革命の理念である。近代社会の構造原理はフランス革命において典型的に示されたとされている。近代社会は、原理的には「個人」対「国家」の二元的構造からなるものとされる。

革命以前のアンシャンレジーム下では未だ「個人」というものは存在せず、さまざまな共同体、身分制的な中間団体、たとえば地縁による地域団体、教会を通じての宗教団体、職業によるギルドなどの職業団体、血縁や婚姻による親族共同体、家族共同体等に人びとは属していた。

これらの共同体、中間団体は、そこに属する構成員を対外的には国家権力から保護する楯となると共に、その内部においては構成員を拘束し、抑圧する存在でもあったと考えられた。近代市民革命の課題とは第一に、このような拘束や抑圧の存在であった身分制的な中間団体を解体して、人を中間団体に属さない「個人」としてそこから解放することにあるとされた。そしてそのためにこそ、国民単位で成立する領域国家の手に権力が一元的に集中される可能性があったとも説明されている。

以上の原理を歴史上最も徹底的に追求したのがフランス革命であり、なかでもそれを徹底した存在としてジャコバン派が評価されることになる。ジャコバン派とは言うまでもなく、恐怖政治を行なったロベスピエールのジャコバン派のことである。

このように近代立憲主義の前提として、反共同体的な個人主義があることが指摘されている。そして、このような反中間団体的革命を実現したフランスこそが、近代憲法史にとっての典型国と評価されるのである。

共同体・中間団体から解放された「個人」とは、他との繫がりを何ら持たないアトム(原子)的存在である。「個人」は本来的に自律的な存在であると想定され、自らを拘束しているあらゆるものから解放されることで初めて自己実現や自己表現が可能になり、そのためにはあらゆる身分制的な共同体、中間団体を解体する必要があると考えられている。

近代憲法にいう「個人の尊厳」「個人の尊重」とは、このような意味での「個人」すなわち共同体・中間団体の解体によって、そこから解放されたアトム的存在としての「個人」、これを尊重し、そこに尊厳性を認めるという意味である。「個人の尊重」を原理的に追求していけば、共同体・中間団体の存在は認められないことになる。

ところで「家」制度が否定的に理解されるのは、何より「家」が解体されるべき中間団体の典型であると見なされているからである。フランス流の近代立憲主義の原理を範にとって、それを日本に当てはめた結果、「家」は中間団体と見なされて否定されるべきものと理解されるのである。「家」制度はその実態に即して否定的に扱われているのではなく、イデオロギー上の要請によって否定されるのである。

しかしながら、このような立論の前提となっているフランス革命観については、すでに第一部でも見た通り多くの疑問が突き付けられている。このような革命観は当のフランスでも、今日ではすっかり信憑性を失ったものになっている。

一九八九年は革命二百周年という記念すべき年であった。しかしそこではもはや祝祭ムードは失せ、革命賛美論によって長らく支配されてきた学界・言論界も、主流は『フランス革命を考える』(大津真作訳、岩波書店、一九八九年)の著者故フランソワ・フュレに代表される修正派すなわち革命のマイナス面を指摘する論者が占めている。

ロベスピエールは全体主義者であり、スターリンの先駆であるとの説も唱えられ、ジャコバン派を肯定的に評価する論者は少ない。革命がジャコバン派の恐怖政治へと転換していった最大の理由は、革命家たちが啓蒙主義の哲学者に鼓吹されて、フランスをあらゆる過去から断絶させようとする極端で野心的で抽象的な理念を実行に移したことにあるのだ、と指摘されている。

　またサイモン・シャーマのように、一七八九年の革命当初からの過ちを指摘する声も内外にある。もちろん「個人」の創出、そのためにあらゆる共同体・中間団体を解体するという論理も革命時の観念の所産である。

　革命時のフランスを典型とする近代立憲主義の原理は、今日ではすっかり信憑性を失っている。しかしながら、その信憑性を失った理念に基づいて、「家」制度は今日も否定的に理解されているのである。

†戦後民法の家族像

「家」制度は戦後の憲法や民法の登場によって制度上は廃止された。そして、これに代わって、現行の民法と戸籍法によって新たな家族像が創り出された。すなわち従来の「家」制度の下における戸主とその下における家族（ここでは三世代同居の大家族というものが想定されている）といった家族像とは異なり、同等の地位にある夫妻とその間に生まれた未成熟の子供から構成される二世代の近代的小家族（核家族）である。

「氏」の問題で言うと、明治民法の下では「家」を基本単位として、「家」に属する者はその家名という性格を持った「氏」を称していたが、「家」を廃止した後の現行の民法では夫婦を基本単位とし、夫婦が営む家族共同体の名称として「氏」を名乗ることになった。また戸籍についても、編成原理が従来の「家」を単位とするものから、やはり夫婦を単位とするものへと変わり、夫婦とその間に生まれた未婚の子供をそこに登載する現在の戸籍制度に移行した。

しかしながら、今日では、この現行の民法や戸籍法が想定する近代的小家族という単位までが批判の対象とされている。

批判の理由は、第一に、近代的小家族に廃止されたはずの「家」制度の残滓があり、「家」制度の廃止が依然不徹底であるというものである。この手の批判は現行の民法に移行した直後からあったことは、すでに述べた通りである。

第二に、近代的小家族という単位そのものが拘束・抑圧システムであるという批判がある。この批判によると、「家」制度の廃止によって、女性は「家」の「嫁」の立場から解放されて夫と同等の「妻」の地位を得たが、この「妻」という地位ないし役割が女性にとっては依然として拘束・抑圧要因であるという。戦後の民法による「父権中心の家族から夫婦中心の家族への変化は、男性という個人にとって長老支配からの解放を意味するが、一方では、女性の男性への隷属を明瞭にした」(目黒依子『個人化する家族』勁草書房、一九八七年)という批判である。

しかし、こうした批判も、近代的小家族における女性の現実の状況を反映しているというよりは、やはりイデオロギー上の要請に基づくと言ってよいだろう。

戦後、「家」制度は廃止されたが、そのことがただちに「個人」の創出を意味したわけではない。「家」に代わって近代的小家族が民法や戸籍法に想定する（そして現実の家庭生活においても）基本単位となった。しかし、近代立憲主義の原理からすれば「近代的小家族」は「個人」を創出するという意味では甚だ中途半端な存在であり、これまた中間団体の一つにすぎず、拘束・抑圧システムとして解体されなければならないということになる。

このような論理に基づいて今日、「近代的小家族」からの解放ということが主張されている。これに、近代家族は男性による女性に対する権力支配であるとするフェミニズムの思想とが相俟って、今日、女性の「近代的小家族」からの解放が主張されているのである。

夫婦別姓論とは、このように戦前の「家」制度はもちろんのこと、戦後民法の想定する「近代的小家族」をも拘束・抑圧システムであると考え、そこから解放された独立した「個人」としての存在を主張としたいという気分をその背景としたものである。

「個人」として存在するならば、あくまで純然たる「個人」の呼称をもって呼ばれる存在でなければならない。家名や夫婦の営む共同体の名称をもって呼ばれる存在であってはならない。氏名が「個人」の呼称であるならば、それはたとえ結婚によっても容易に変えられる性質のものであってはならない。自己の意志に反して改姓を強いられるならば、アイデンティティを喪失することになる——このような主張である。

ちなみに我が国も、伝統的には夫婦別姓制であったということがしばしば指摘される。しかし、明治三十一年に明治民法が施行されるまでに我が国でも採用していた夫婦別姓制、さらには今日でも中国や朝鮮半島が採用している別姓制は儒教流の父系出自を重視するもので、今日主張されている徹底した個人主義(アトミズム)に基づく別姓論とはその原理を異にする。さらに言えば、我が国は武家において制度上は別姓制を採っていたが、一般の慣行では同姓であった。何も夫婦同姓は明治民法以来の〝創られた伝統〟ではない。

家族を解体する夫婦別姓論

夫婦別姓論は「個人」としての存在主張を言い、「個人」の「家」からの解放、そして「近代的小家族」からの解放をもっぱら強調している。しかし、そこには同時に、「家」や「近代的小家族」の解体という主張が含まれていることを忘れてはならない。

「個人の尊厳」の原理は共同体・中間団体を敵視した徹底した個人主義のことであるから、それを家族という領域に適用すれば「家族の解体」は必然的な帰結である。「個人」と家族とは原理的には両立しえないと考えられるからである。

この点、憲法学者の樋口陽一氏も「「個人の尊厳」の行き着くところは、場合によっては「家族の解体」にまでつながっていく論理を含んでいる」（『法学セミナー』一九九五年九月号）と指摘している。「個人」解放論としての夫婦別姓論は、同時に家族解体論でもあるというわけである。

ただ注意すべきは、樋口氏や夫婦別姓論者は「家族の解体」を望ましいものだと考えているということである。家族の完全なる解体とまでは言わなくとも、家族における個々の関係が希薄であることをよきことであり、〝進歩〟であるとまで考えている。

たとえば、夫婦別姓の広告塔的な役割を果たしている弁護士で参議院議員の福島瑞穂氏は、社会の最小単位は「個人」であるとし、「家族というのは個人のネットワーク」だと述べている（『Ｂａｒｔ』一九九五年十一月二十七日号）。「ネットワーク」というのは穏やかな関係ということである。また「個人が個人として大切にされ、タテの関係が絶たれるような社会になればいいと思っている」（同右）とも述べている。

別のところ（『ミセス』一九九六年一月号）で、夫（彼女は「パートナー」と呼ぶ）の両親と自分の両親とは一度も会ったことがないと誇らしげに語る福島氏が言う「タテの関係」とは、親との関係のみを言うのではない。子供との関係も指している。彼女は自分の娘が十八歳になったら「家族解散式」を行なって家族皆が別居するつもりだと、これまた誇らしげに語っている。

また、ヨコの関係についても「「既婚」はもう恋の障害じゃない」といわゆる不倫の勧めを説き、離婚・再婚が容易になることを望んでもいる（『婦人公論』一九九四年七月号）。福島氏の発想にはタテ・ヨコの関係の絶たれた「個人」しかない。解体とも紙一重で家族間の結びつきが極めて穏やかな家族関係を理想と考えている。

このように家族の解体やそれと紙一重の緩やかな家族関係を〝進歩的〟であり、〝望ましい〟とまで考えるのは、彼らがフランス革命の「神話」すなわち「個人の尊厳」という原理に呪縛されて、家族の解体こそは「市民革命がまだ済んでいない」立ち遅れた段階にある我が国において、「市民革命」を達成する上での不可欠な段階であると信じ込んでいるからにほかならない。

彼らは〝革命コンプレックス〟（それも当のフランスでも旗色の悪いあのフランス革命の……）に取り憑かれ、「個人」を創出しようと家族の解体を歓迎し、推進しているのである。

ところで、近代立憲主義が言うところの「個人」とは、実は本来は今日一般に理解されているような我々一人ひとりを指すのではなかった。ヨーロッパ政治思想の伝統的な文脈から言えば、「個人」とは家長のことを指す（村上淳一『「権利のための闘争」を読む』岩波書店、一九八三年）。すなわち自律的存在として想定されているのは家長であり、家族共同体そのものであって、家族を構成する個々のメンバーではない。つまり家族は解体されるべき中間団体の例外であるというのが近代立憲主義の了解事項でもあったのである。

この了解が崩れていったのは欧米でも一九六〇年代以降のことである。個人主義の原理主義が遂に〝聖域〟であった家族共同体をも浸食し始めたのである。それが現在、我が国では夫婦別姓論や様々な「ライフスタイルについての自己決定権」という主張として現れているが、先駆となった欧米ではすでに家族の解体も穏やかな家族関係も出揃っている。家族の領域で「個人」としての存在主張を図れば家族はどうなっていくのかについての貴重な実験例を示している。

たとえばアメリカでは、一九六〇年代から七〇年代にかけて個人主義の嵐が猛威をふるった。フェミニズム、家父長制的な権威の否定、性の解放、個人の解放を家族の福祉に優先させる風潮……等々。個人主義による自己主張と男女平等思想は家庭における男女の役割を混乱させ、家族像を変貌させていった。ピューリタリズムに基づく厳格な家庭は緩やかな家族関係に変わり、家族は結びつきの弱いものに変わっていった。

その結果、現在アメリカでは結婚したカップルのうち半数が離婚する。そしてその七割が三年以内に再婚し、さらにその六割は再び離婚する。三度目四度目は当たり前というのが今日のアメリカの結婚事情であり、離婚・再婚の繰り返しによって血縁関係が複雑になった家族を「ステップ・ファミリー」と呼んでいる。

フランスでも事情は似ている。自由を束縛するすべての規範に「ノン」を突き付けた一九六八年の五月革命以来、フランスの家族事情はすっかり変わってしまった。人びとが自由であること、束縛のない「個人」であることを求める結果、結婚の意義が低下し、結婚しない者、結婚しないまま共同生活を送る者、結婚せず子供だけ設ける者、子供を持ちながら敢えて別居を選ぶ者の数が増えて、今日では結婚は社会制度としての価値を失い、生活上の選択肢の一つとなっている。

フランス人全体の一二パーセントが、年齢を十八歳から二十四歳に限って見ると二〇パーセント以上の人びとが結婚しないままに共同生活を送り、その結果、子供の三人に一人は結婚していない男女から生まれる。

離婚もフランス全体で三組に一組、パリでは二組に一組の割合であり、片親家庭、離婚・再婚の結果生まれた「複合家族」など、二、三十年前には「ふつう」ではなかった家族形態がどんどん増え、奇異なものではなくなっている。「フランスでは、結婚による家庭だけを正統な社会の一単位とみなす時代は、完全に過去のものになったと言えるだろう」（浅野素女『フランス家族事情』岩波新書、一九九五年）と指摘されている。

この傾向が最も顕著なのはスウェーデンである。この国では女性の社会進出、そしてそれに伴う経済的自立の結果、また社会保障制度の充実の結果、女性が男性を必要としない社会が現れるに至っている。女性にとっては離婚が人生についての前向きの姿勢であるとも考えられている。

離婚についての破綻主義が一九七三年に導入されて以来、法的にも離婚の手続きが簡易化され、自分や相手に落ち度がなくとも結婚生活の破綻という事実だけで離婚出来るようになっている。

当事者の離婚の意思を尊重し、自己決定に任せるという考えから、離婚原因の如何を問わず、裁判所に申し立て、六カ月間の考慮期間の後に再度、裁判所に請求すれば離婚判決が得られるシステムになっている。また二年間の別居期間があれば、考慮期間さえ必要ない。その結果、離婚率はやはり五〇パーセントを超える。

「あなたとはもう別れるわ、もう飽きたの」。このフレーズは、スウェーデン語の初期学習課程で自然に暗記するくらい頻繁に使用されるものだという。そのくらい離婚は日常的である。

飽きたから即離婚という軽薄さには驚くほかはないが、当事者個人の「自己決定」を尊重すると言えば、いかにも聞こえはよい。しかし、離婚は当事者だけの問題ではないはずだ。両親の離婚で犠牲を強いられるのは子供たちである。親の離婚が子供の心の成長に与える影響を考えれば、離婚を半ば推奨するような制度を作ってしまったこの国の政府は無責任としか言いようがないだろう。

アメリカでも毎年二百万人以上の子供たちが親の離婚に巻き込まれている。子供の六割が十八歳までに親の離婚を経験し、その三人に一人は親の再婚、二度目の離婚を経験する。三度、四度という結婚を繰り返す度に生まれた、親の異なる子供たちが新しい家庭で一つの家族として生活をするという形態も、今や全体の二割に達する普通の現実になっている。「個人」としての存在主張が親の世代のみで完結するのであれば問題は少ない。しかし、人間が生物として次世代を残すべく宿命づけられている存在だとすれば、大人の「個人」としての存在主張は次世代の子供たちに当然影響を及ぼす。

離婚、再婚が繰り返され、自然の親子関係が崩れた結果、急増したのが「児童虐待」、なかでも義理の父母から強姦や性的いたずらを受ける「性的虐待」である。これは近年、我が国でも社会問題となっているが、子供たちにとって親や家庭は保護を受ける安らぎの場ではなく、逆にその存在を脅かす存在となっていっている。

スウェーデンでも離婚率五〇パーセントの結果、ストックホルムを始めとする都市部では一番多いのが母子家庭、二番目が「混合家族」（離婚後二年以内に三〇パーセントが再婚するが、再婚夫婦は互いに連れ子を伴うため、家族が「混合」する）で、三番目にやっと昔ながらの両親揃った普通の家族が位置づけられ、四番目が父子家庭である。

「混合家族」については前の結婚相手との間に生まれた「マイ・チルドレン」と再婚相手の連れ子の「ユア・チルドレン」、そして再婚相手との間に生まれた「アワー・チルドレン」、これら三種類の子供が一つ屋根の下に混合して暮らすことになる。今日では「新しい多様な家族形態」のほうがスウェーデンでも一般的である。

しかし、子供たちは、このような家庭環境のなかで成長していくとき、人格形成に多大の影響を受ける。

未婚の母や両親に離婚された子供が成長してからの離婚率は、そうでない親に育てられた人びとの離婚率よりも高いことが各国で報告されている。彼らは孤独感のあまり若いうちに早急な結婚をするが、子供のころに体験した親の離婚が「お手本」になる傾向が高いからである。親の離婚は子供へと確実に受け継がれ、悪循環する。

少年非行の激増、麻薬汚染、十代の妊娠・出産といった現代アメリカの深刻な社会問題も子供たちの置かれた劣悪な家庭環境が招いたものであると指摘されている。

スウェーデンの世界的に有名な社会学者ハンス・ゼッターバークは「スウェーデンでは、子供の社会化には何人もの大人たちがかかわるので、子供のパーソナリティは境界人的なものとなり——境界人的パーソナリティの形成——、社会的生活適応に困難が生じ、それが犯罪につながるケースがある」とし、その原因を「混合家族」に求めて、「これはスウェーデンにおける家族問題の最大のものである」と指摘している（大橋薫「スウェーデン調査旅行での見聞——福祉モデルは大丈夫か」『犯罪と非行』第九一号）。

また、クリスティル・ホプキンスという女性研究者は、「スウェーデンでは子供の成熟〈=自立・独立を含む〉が早過ぎる——いわば、強いられた成熟。これが子供の生活適応に（恐らく否定的に）影響する」と指摘している（同右）。

片親や「混合家族」という複雑な家庭環境のなかで、子供たちは望まない早い成熟や自立・独立を強いられていると言うのである。

「よく片親だと、子供がグレやすいといいますが、私には、その気持ちがわかりませんでした。でも離婚した父が再婚して、やっとわかったのです。この気持ちだけは、どれだけ言っても大人には、わからないと思います。早く言えば、家にいたくないんです。友人といる方がいい。でも普通の子は遅くまで付き合ってくれない……。そんなとき、知り合うのは、たいてい普通じゃないのです」（TBSラジオ「ミッドナイト★パーティ

ー」／月刊ポップティーン編『バツイチの子供たち――娘から親へ』飛鳥新社、一九九四年）

これは、「バツイチ」つまり両親の離婚という経験を持つ少女たちの赤裸々な思いを書き綴った本に収録されているものである。彼女は非行に走る心理を自らの体験を振り返りながら分析し、家にいたくないことを非行に走る最大の理由に挙げている。

夫婦別姓論に代表される「ライフスタイルについての自己決定権」の考えは、家族の共同性・絆よりも「個人」としての生き方を追求する考え方である。しかし、その背後にはこのような子供たちの存在があることを忘れてはならない。

†高福祉国家スウェーデンの現実

また、次のようなスウェーデンのエピソードも参考になる（山井和則『体験ルポ　世界の高齢者社会』岩波新書、一九九一年参照）。この本の著者がスウェーデンを訪れたとき、「福祉国家をつくったスウェーデン人は、温かい国民ですね」と発言したところ、多くのスウェーデン人から意外な答えが返ってきたという。

「違う。私たちはお互いが自立し、人間関係がドライだからこそ、福祉を充実させたのです」。「人間関係がドライ」――これをたとえば親子関係で言うとどういうことになるであろうか。

「スウェーデンでは、「子どもは社会が育てる」という意識が強く、保育施設も整備されている。さらに、子どもたちは子ども同士で、あるいは、一人で遊ぶ方法を教えられている。「親の後ろをついて歩くような子どもに育てたくない」とよくスウェーデン人は言う。その理由を尋ねると、「子どもが親離れをしてくれないと、私たちの自由も束縛されるでしょ」とのこと」(同右)

つまり子供が早い成熟を強いられるのは、親が「私たちの自由」を最優先し、子供たちによって「私たちの自由」が束縛されたくないからだと言うのである。

この発想では親が子供のために犠牲になったり、離婚や再婚を思いとどまるということはまず考えられない。親は「私たちの自由」のために子供を自立させ、子供のほうも親の「自由」の邪魔にならないように自立を余儀なくされるのである。その意味では「子どもは社会が育てる」という美辞麗句も、親が自分の子供を責任をもって育てようとはせず、社会まかせ、国まかせにする発想の別名にほかならない。

問題は子供を社会的な存在にするために不可欠な躾である。しかし、子供の「自立」を尊重するという体のいい言い訳を持ち出すことによって、実際には子供に無関心となり、躾を放棄しているのが実情である。その結果、スウェーデンはどうなったか。

親が甘く無責任なため、子供たちは異常なほど早くから性、酒、タバコに関心を持つことになる。性の初体験の平均が十六歳、酒、タバコは十二歳くらいから手を出す。酒、タバコが下地となって、より一層の好奇心を満たし、強い刺激を得るために興味が大麻に移り、あげくはヘロインなどのとりこになって、常習者への道をたどるケースも出る始末である。

また、子供たちの口癖は「何もすることがない」である。学校は宿題もなければクラブ活動もない。両親が働いているので家に帰ってもおもしろくなく、地下鉄の駅などにたむろし通行人にいやがらせをしたり、手当たり次第に公共物を壊す。酒の勢いを借りて暴れる者もいる。子供たちの多くは何をしたらよいのか分らずただ退屈している。

要はスウェーデンでは子供たちの「自立」「自己決定」を尊重するという美名の下に、大人たちが子供たちに指針を示さなくなった結果、このような何もすることがない退屈な若者を量産しているだけなのである。そして、この退屈感がやがて少年非行や犯罪を引き起こす。

「いつも何もすることがないと言っている若者たちであるが、アルコール、麻薬には簡単に手を出す。自制心の弱さと刺激欲しさが引き金となっているが、もうひとつは傍観的な大人しか周囲にいないせいでもある」（竹崎孜『スウェーデンの実験　人間社会はどこへ行くのか』講談社現代新書、一九八一年）

これが、親子関係までもが「ドライ」になった「自立」「自己決定」尊重社会、「個」の確立した社会の実情なのである。

家族という〝聖域〟で「個人」を主張するという壮大な〝実験〟は欧米ではすでに終わり、以上の通り、その実験結果も出ている。彼らは結果として現れた家族の崩壊という現象の前に立ちすくみ、打開策はないものかと苦悩している。アメリカでも近年、「家族の価値」の再考が叫ばれている所以である。

一般に豊かで平和な社会は結束力を失わせると言われる。我が国も例外ではなく、近年では家族の崩壊が社会問題となっている。家族の絆はいよいよ弱いものになり、家族は壊れやすい存在になっている。我が国の家族には、もはやかつてのような強い拘束力はない。

このようななかで、どこまでも「個人の解放」を主張する「ライフスタイルについての自己決定権」の発想を家族の領域に適応するとどうなるか。この発想が本来的に持っている「家族解体の論理」は、そうでなくても壊れやすくなっている家族をたやすく崩壊させるに違いない。今、我々が目を向けるべきは、欧米の「理論」ではなく、その理論ゆえにもたらされている欧米の暗い「現実」のほうではないだろうか。

†法制度と社会規範

「ライフスタイルにおける自己決定権」の発想は、国家が法律などを通して一定の価値を持って個人に強制してはならない、個人の意思を制約してはならない、国家は価値について中立的でなければならないと説く。

ここで言う国家が価値について中立的でなければならないとは、個人がなした行為について、それがたとえ道徳などの従来の価値規範に照らして問題があるとされる場合にも、他者加害に及ばないものであれば国家は沈黙し、あくまで個人の意思を尊重しなければならないことを意味する。すなわち国家は没価値的、価値相対主義的立場を要請され、そのことの反映として個人の意思が尊重されるのである。

国家の価値中立性とはまた、多様な価値観が併存する場合には国家は価値の優劣を付けてはならず、すべてを等価値なものと見なすことを要請する。国家はあくまで自己の価値判断を排除しなければならないことを意味する。これは、国家が制定する法律からあらゆる価値が排除されることを意味する。

この立場から言えば、法律は一定の価値を有して制定されてはならない。個人が自律的な存在であると想定されている以上、その意思は最大限に尊重されなければならない。国家の役割は個人の意思が発現するのを容易にすることにあり、法律などを通じて価値を強制し、個人の意思を制約してはならない。国家は個人が信奉する価値がたとえどんなものであれ、他者加害に及ばなければ容認しなければならない。以上の論理を「ライフスタイルについての自己決定権」は包含している。

家族制度の問題について考えてみると、現在の民法や戸籍法は、すでに述べたように「近代的小家族」をその家族像として想定している。一組の男女からなる夫婦を基本単位とし、婚姻関係にあることを国家に届け出、お互いを尊重し、助け合いながら共同生活を営み、夫婦の間に生まれた子供を愛情をもって育むということ、すなわち男女の組み合わせを前提としたカップルが一夫一婦制に基づいた法律婚をなし、同居・扶助義務、さらには守操義務（貞操を守る義務）を果たし、子供については嫡出子を設けるという家族観、家族秩序を原則としている。

このことは国家が現行法を通じて、このような家族秩序観を抱いていることを表明していることを示す。また法規範を通じて、国家は国民にこのような家族秩序観に基づくよう求めてもいる。国家は家族秩序について明らかに一つの価値を有しているのである。

国家が有しているこのような価値は、何も恣意的な価値を国民に強制するものではない。むしろ天然自然の法則や伝統文化、宗教を背景とする道徳・倫理に基づいているものと見るべきである。

　すなわち法規範や法制度以前に存在するさまざまな社会規範に基づいていると考えるべきであり、決して「社会的な規範が存在することを、「お役人が一方的に自分の価値観を押しつける」というようにすり替え」てはならない（加藤尚武『応用倫理学のすすめ』丸善ライブラリー、一九九四年。加藤氏はこのようなすり替えの姿勢を「日本的リベラリズムの定石である」と指摘している）。

「ライフスタイルについての自己決定権」を援用したさまざまな主張についても、たとえば同性愛を男女間の婚姻関係と同等に考えないのは「天然自然の法則」に適ったものであり（「21世紀の家族法――加藤一郎先生に聞く」『ジュリスト』一九九五年一月一―十五日号）、また宗教倫理に基づいたものでもあるからである。

　直系姻族間や養親子関係間の婚姻が禁じられるのも、現在もしくは過去において擬似親子関係にあった者同士の結婚は望ましくないという家族共同体の維持に配慮した伝統文化や、宗教を背景とした倫理観が作用している。

　また、夫婦同姓の制度や夫婦間の守操義務、相続分についての非嫡出子に差別的な取り扱いをしているのも、一夫一婦制の原則に基づいて婚姻関係を保護するためのものである。

　女性に再婚禁止期間が設けられているのも、単に子供の父親を推定することを理由とするだけでなく、結婚解消前に懐胎された子があった場合には出産を終えてから再婚すべきである、前婚の子を懐胎したままで再婚することは望ましくないという、宗教的背景を持った婚姻倫理の伝統や倫理規範によるものである。

ちなみにこの点に配慮してドイツでは十カ月間、フランスでは三百日間と、我が国よりも長期の再婚禁止期間が設けられている。このように現行法によっても、倫理の枠組みと最低限度の家族秩序の維持が考えられているのである。

しかし、「ライフスタイルについての自己決定権」はこのような現行法が抱いている家族についての秩序観、価値観に疑問を呈する。「個人」の自律性をいい、「個人」の意思の最大限の尊重を主張し、国家の価値中立性を求める。

そうなると「個人」の意思のみが唯一の価値の源泉となる。「個人」の意思が現行法の抱く秩序観、価値観に抵触する場合には後者の方が退かなければならず、「個人」の意思が通るよう法改正が求められることになる。これが「ライフスタイルについての自己決定権」を援用した主張である。「個人」の意思の前にあらゆる価値規範や秩序がひれ伏し、相対化されるのである。

その結果、次のように家族と他の人的な結合体、諸個人の自由意思に基づく結合体とのあいだにある本質的な差異は消滅するという主張さえ生まれることになる。

「家族が平等で自由な個人間の結合であるならば、それは、原理的には、当事者の自由な意志によって解消可能なものと考えるほかはなく、したがって、家族と、それ以外の形態の、諸個人の自由意志に基づく結合体との本質的差異は、結局消滅するであろう。それが、自由で平等な個人のみを政治社会の構成要素と考える場合の、不可避の結論であると思われる」（安念潤司「憲法問題としての家族」『ジュリスト』一九九三年五月一―十五日号）

†アトミズムの思想

「自己決定権」という発想の前提にあるのはアトミズムの思想である。拘束や抑圧の存在だと推定された共同体・中間団体を解体することによって、そこから解放された、他とのつながりを持たないアトム的存在である「個人」をその立論の前提としている。

「個人」がアトム的存在であるとは、第一に同世代間のヨコのつながりを持たないことを意味する。第二には過去・現在・未来にわたる世代間のタテのつながりも持たないことを意味する。

「個人」はタテ・ヨコのつながりを持たない全く孤立した存在である。この孤立した存在である「個人」を唯一の価値の源泉として、「私事」「純然たる個人的な事柄」についてはその意思を尊重せよというのが「自己決定権」の発想である。

アメリカの共同体主義者M・J・サンデルはこのような「個人」を「負荷なき自我」と名付け、「孤立した自我として、……秩序や、習慣、伝統、世襲的地位によって制約されない、自らの企図や目的を選択する自由がある」存在だと指摘し、このような存在は道徳的深みがなく、移ろいやすく、全体主義的衝動に駆られやすいと述べている（菊池理夫訳『自由主義と正義の限界』三嶺書房、一九九二年）。

また社会経済学者の佐伯啓思氏はサンデルやA・マッキンタイア（篠崎榮訳『美徳なき時代』みすず書房、一九九三年）ら共同体主義者の見解を参照しつつ、「事実上、一切の共同社会から孤立した個人などというものはありえないし、また仮にありえたとしても、彼は、どのようにして、社会の価値、ルール、目に見えない人間関係の処世、歴史的なものの重要性、個人を超えた価値の存在を学ぶのだろうか」との疑問を呈している（「「近代リベラリズム」への疑問」『季刊アステイオン』第三五号）。

すなわち「自己決定権」はアトム的「個人」の自律性をいい、「個人」の意思を唯一の価値の源泉にして、既存の秩序や価値に変更を求めるが、当の「個人」の意思とは如何ほどのものなのかという根本的な疑問が呈せられているのである。このように、「自己決定権」の前提となるアトミズムや「個人」の自律性に対しては根本的な批判が加えられている。

しかしながら、こうした批判もさることながら、この問題を考えるに当たって、我々はかつて我が国に次のような解釈があったことに注目したい。すなわち日本国憲法の第一三条や第二四条に規定されている「個人の尊重」「個人の尊厳」という言葉について、現行憲法の草案を審議した第九十回帝国議会における議論である。

その際、金森徳次郎国務大臣は「「個人の尊厳」と申しまするのは、故無なくこれに対して、普通に申しまする意味の人格を認めないような生き方はいけないと云うことを言って居るのでありまして……」（昭和二十一年九月十八日）と述べ、木村篤太郎司法大臣も「この改正憲法草案は個人の人権と云うことに非常に重きを置いて居るのであります。個人の人権、人格の尊重と云うことについて非常な力を用いて居るのであります」（同年九月十九日）と述べている。

さらに当時の社会党の議員であった井伊誠一も、「本憲法草案を終始一貫して居る所のものは個人の人格の尊重であると思います」（同年七月十七日）と述べている。

三者はここで、何れも「個人の尊厳」を「人格の尊重」と言い換えている。注意したいのは、彼らが言っているのは近代憲法学が描き、「自己決定権」の前提にあるようなアトム的な「個人」の意思を尊重するということではないということである。

言語学者のキョウコ・イノウエ氏が指摘するように（古関彰一・五十嵐雅子訳『マッカーサーの日本国憲法』桐原書店、一九九四年）、日本人は伝統的に社会から離れた自律的個人として物事を考えない存在である。家族や職場の一員であることから自己感覚が生まれ、これらの社会関係を離れて自分自身を考えることはむずかしい存在でもある。自分に割り振られた役割に伴う義務を遂行し、責任を果たすことによって自己の価値を感じる存在でもある。

日本人はこのように、集団・共同体の中で役割を果たすことによって自己のアイデンティティを確認するという伝統的価値観を有しており、共同体とは無縁にアイデンティティを確認する存在ではない。金森、木村、井伊の三人が言うところの「人格の尊重」とは以上のような理解に基づいた価値観である。

井伊はさきの発言に続けて「先ず以て人格を互いに尊重する所の夫婦が出来て、其の家庭を維持して行く。縦に子供が生れて親子の関係が出来る。是れ亦人格尊重の立場からして親に対する所の子供の信頼尊敬が生れる。親が子供に対する所の尊敬と又愛撫の念が生れる。是は当然な道行きであると思います」と述べている。

このように家族共同体、家族秩序のなかに位置付けられ、「夫」や「妻」、「親」や「子」という具体的立場を有し、役割を担った存在というものを発想の前提としている。これは前出のサンデルの用語を用いれば「状況づけられた、負荷ある自我」ということになる。すなわち家族共同体、家族秩序のなかに位置付けられた各々の構成員が各々に割り当てられた役割、立場をお互いに尊重すること、これがここで言う「人格の尊重」であり、「個人の尊厳」についての日本側の理解だったのである。

もちろんこのような理解は今日では「個人の尊厳」についての誤解であるか、理解不足として批判されるものに違いない。しかしながら、これは「個人」をアトム的な存在であると想定するような抽象的な思考ではなく、具体的な人間像、すなわちR・N・ベラーらがいみじくも述べている「私たちは家族のなかに生まれ落ちるほかない」(島薗進・中村圭志訳『心の習慣――アメリカ個人主義のゆくえ』みすず書房、一九九一年)という人間のありのままの姿に着目し、その前提に立った解釈として再考に値するものと思われる。

†家族のなかに人は生まれる

これまで述べてきたように「ライフスタイルについての自己決定権」、さらにはその根底にある近代憲法学の考え方、アトミズムの考え方、これらは「個人」の創出に重きを置いている。しかしながら、ここで今一度、「個人」の創出という課題が果たして人びとに幸福をもたらすものなのかということを考えてみる必要がある。

「個人」の創出という課題が家族秩序に適用されるとき、そこに生じるのは第一に家族共同体が「個人」に分解されること、すなわち家族の解体、家族の崩壊という現象である。第二に「個人」の意思を尊重し、それを価値の源泉とする結果、家族の秩序や価値が相対化され、価値についての無秩序状態、すなわちアノミー状態がもたらされるということである。

一部に日本は集団主義的傾向が強いので、敢えてこのような「痛み」を伴ってでも「個人」を創出する必要があるという見解（樋口陽一『近代国民国家の憲法構造』東京大学出版会、一九九四年）がある。

しかし、果たしてこのような代償を払ってまで現在の日本社会にその必要があるのか疑問である。逆に家族の崩壊が社会問題化しつつある現状においては、「「個人」をとことん貫こうとしたときに、家族はどうなるのか」という「難問」（樋口「憲法状況・変化するものと動かぬもの――近代国民国家の枠組の動揺のなかで」『ジュリスト』一九九三年五月一―十五日号）にこそ、我々は目を向ける必要があるのではないか。

こう考えてみるとき、やはり想起されるのは〝家族のなかに人は生まれる〟という厳然たる事実である。すなわち我々は生まれながらにしてすでに決してアトム的な「個人」ではなく、家族共同体のなかに生を享け、そのなかで育まれ、躾や教育を受けつつ成長する存在であるということである。また、長じてやがて新たな家族共同体を設け、最期はそこで息を引き取る存在であるということである。つまり家族共同体のなかに位置づけられ、その価値を自らも体した存在だということである。

過度のパターナリズムや極端な集団主義的傾向に問題があることは言うまでもない。「自己決定権」も、そうしたものへの対抗の主張としては意義あるものである。しかし、だからといって既存の家族共同体をすべてアトム的な「個人」に分解し、「個人」の意思を唯一の価値の源泉としながら、既存の家族秩序や価値を相対化していく。これもまたあまりに極端な発想であり、危険な発想と言うべきものである。

ここでも「人権」、すなわちあらゆる属性を取り払ったアトム(「個人」)としての「人間」の権利は家族の共同性を破壊し、家族秩序に混乱をもたらすものであると結論せざるをえないのである。

3 「人権」が女性を不幸にする

†マルクス主義の女性解放論

「女性の人権」を主張する立場にフェミニズムというものがある。フェミニズムは女性の社会進出と地位の向上、そして女性の家族からの解放を主張する。一般にはあまり認識されていないが、この女性解放論としてのフェミニズムは本来、社会主義・共産主義の思想的文脈のなかに位置付けられるものである。

フェミニズムとはブルジョア的私有が廃止され、共産主義社会が実現してはじめて女性差別はなくなり、女性が真に解放されるとする立場にほかならない。以下、フェミニズムの主張をマルクス主義の思想的文脈に沿いながら明らかにしてみたい〔この問題については安藤紀典氏の優れた論文「マルクス主義の女性解放論」（大原紀美子・塩原早苗・安藤紀典『女性解放と現代　マルクス主義女性論入門』三一新書、一九七二年所収）を参照。なお引用も多くは安藤論文の訳にしたがった〕。

マルクスの盟友フリードリッヒ・エンゲルスの著作に『家族・私有財産・国家の起源』（一八八四）というものがある。

エンゲルスはここで、資本主義社会における家族すなわち「近代的個別家族」は「妻の公然または隠然の家内奴隷制のうえに築かれている」とし、「夫は家族のなかでブルジョアであり、妻はプロレタリアートを代表する」と断定する。すなわち一夫一婦制に基づく近代家族は、ブルジョアであるところの夫による、プロレタリアートであるところの妻に対する強権支配によるものであり、妻はそこでは家内奴隷であると言うのである。

エンゲルスはまた、「女性の解放は、全女性が公的産業に復帰することを第一の前提条件とし、……社会の経済的単位としての個別家族の属性を除去することを必要とする」（戸原四郎訳、岩波文庫、一九六五年）と述べている。すなわち女性が真に解放されるためには、女性が家庭から出て労働者になること、そしてそれとともに家族を廃止して、別の形態の人的結合体を作ることが必要だと言っているのである。

近代家族以前の、たとえば、家父長制的な家族形態においては、家内工業が主体であったことから女性もそこで仕事をし、生産に携わっていた。しかし、家内工業的な体制が崩れて近代的工業社会になるとともに、女性は社会的な生産に携わる存在からもっぱら家事労働に従事する存在になってしまった。この状態をエンゲルスは「家内奴隷」と呼ぶのである。

また、工業社会の成立とともに、父や夫が一家の稼ぎ手となり、家族の扶養者となった。しかし、それは妻や娘が彼らに経済的に従属し、依存せざるをえない存在になったことを意味した。そしてこのことが、男性が家族のなかで支配者の地位にあることの最大の根拠となってしまった。エンゲルスが家族のなかでは夫がブルジョアであり、妻がプロレタリアートを代表するというのはそういう意味である。

女性は社会的生産から切り離され、経済的自立を失って、家のなかで、社会的生産に携わっている父や夫の世話を焼き、子供を育てるだけの「家内奴隷」となっている。近代家族は女性の家内奴隷制のうえに築かれたものであると言うのである。

そういう状態から女性が解放されて、真に男女の社会的平等が実現されるためにはどうすればいいか。それは女性が家庭の外に出て働くことだ、働いて経済的に自立することだ、エンゲルスはこう主張しているのである。

もちろん女性が社会的生産に参加することで様々な弊害ももたらされる。エンゲルスも『イギリスにおける労働者階級の状態』（一八四五）のなかで、女性の社会的生産への参加は子供と家族の生活に決定的な影響を与えたと指摘し、あらゆる意味で労働者階級の家族関係と家庭を解体するものであったと述べている。

「とりわけ婦人の労働は家庭を完全に崩壊させる。なぜならば、妻が毎日一二時間も一三時間も工場内ですごし、夫も同じ工場か、別の場所かで働くとすれば、子供たちは一体どうなるであろうか？　彼らは雑草のように野放しで成長する。(中略)妻が分娩の三、四日後に、はやくも工場で働くということはよくあることで、そのばあい乳児はむろん家に残される。休み時間には、母親たちは急いで家にかけ帰って、子供に乳をやり、ついでに自分も何か食べなければならない。——それがどのような授乳になるかは明らかである。(中略)彼女は毎朝五時ちょっとすぎに工場に行く、そして晩の八時頃に帰ってくる。一日じゅう乳が彼女の乳房から流れ出て、着物から滴る。……子供をおとなしくさせておくために、麻酔剤を用いることは、この恥ずべき制度によって奨励されるばかりであって、実際その普及の程度は工場地帯では甚だしく高まったのである。(中略)妻を工場で雇うことが、家庭を全面的に崩壊させるのは必然である。家庭の崩壊は、それを基礎としている今日の社会状態においては、夫婦にとっても子供にとっても、道徳上もっとも悪い結果をもたらす。その子供の面倒をみる暇がなく、うまれてからの数年間、日常茶飯の愛の奉仕すら捧げる余暇をもたない母親、つまりその子供と会うこともなかなかできない母親は、この子供たちにとっては母親ではありえない、彼女たちはいきおい子供をなげやりにし、我が子を、他人の子供のように、愛もなく、思いやりもたずに、取扱わざるをえない。また、こうした環境に育った子供たちは、年をへると家庭とは縁もゆかりもなくなって、自分で家庭をつくってもそのなかであたたかな雰囲気を感じない。が、それは、彼らがひとりぼっちの生活しか知らないからである。そしてそれがまた、そうでなくてもすでに労働者のあいだにひろく行きわたっている家庭の崩壊をたすけるのである」（武田隆夫訳、マルクス・エンゲルス選集第2巻、新潮社、一九六〇年）

このようにエンゲルスは、女性が社会的生産に参加することによって家族の崩壊がもたらされたり、子供たちに悪しき影響を与えたりするなどの弊害を指摘している。しかし、このような弊害を認めながらも、彼は女性が社会的生産に参加することはよきことだと見なす。女性が働くこと自体に悲惨の原因があるのではなく、あくまで原因は資本主義にあるというのが彼の見解だからである。

マルクスも同じようにイギリスにおける女性の労働が悲惨な現状をもたらしたと告発しながら、『資本論』（一八六七―九四）のなかで次のように言う。

「資本主義制度の内部における古い家族制度の解体が、いかに怖ろしく厭わしいものに見えようとも、それにもかかわらず、大工業は、家事の領域の彼方にある社会的に組織された生産過程において、婦人、男女の若い者と児童に決定的な役割を割当てることによって、家族と両性関係とのより高度な形態のための新しい経済的基礎を創出する」(向坂逸郎訳、岩波文庫、一九六九年)

つまりどんな悲惨な状況があったとしても、来るべきより高度な家族関係、家族形態のための基礎になるものだとマルクスは捉えるのである。そしてこういう社会的参加による女性労働者の惨状は、「ついに、人間的な発展の源泉に一変するに違いない」(同右)と積極的に理解しようとするのである。

何れにせよ、エンゲルスもマルクスも女性が社会的生産に参加し、社会で大きな力を占めることは望ましいことだと捉えた。それは第一に、女性が社会的生産に参加することによって家族や夫に経済的に依存しない地位を創り出し、家族のなかで女性が自立性を高めることができるからである。第二に、彼らは女性労働者を革命的階級と捉え、女性が家庭に閉じこもり、家事をしているだけでは女性解放運動は起こらないと見て、家庭の外に出て労働することで初めて女性たちは一つに結束し、集団として女性解放運動を闘い抜く可能性が出てくると捉えていたからである。

また彼らは、女性が本来持っている従順さや優雅さなど、女性が女性らしくあることが女性の奴隷状態を作るのだと考え、女性らしさを否定的に捉えた。

このように、女性の解放は女性が社会的生産に参加することによって達成されるというのがマルクスやエンゲルスの唱えた女性解放論の考えである。フェミニズムはその文脈のなかに位置づけられるものである。

†レーニンの家族政策

マルクス主義に思想的淵源を持つ女性解放論はまた、家族の廃止ないし死滅を主張する。マルクスもエンゲルスも、近代家族はブルジョア社会の経済単位として私的所有に基礎付けられ、女性を家内奴隷の地位に閉じこめている最終的な根拠になっていると考えた。女性が家内奴隷の状態から解放されるためにはブルジョア家族、近代家族は廃止されなければならず、根本的に女性を解放できないと考えた。

彼らは社会の経済単位としての家族は廃止され、一つ一つが分立した家内経済を共同の経済に置き換え、家事労働や子供の養育・教育を個別の家族から社会の手に移す必要があるのだと主張した。

エンゲルスは『家族・私有財産・国家の起源』のなかで、生産手段が共同所有に移されるとともに個別家族は社会の経済単位ではなくなると述べている。家族の廃止がなければ女性は家内奴隷の状態から解放されず、女性が解放されるためには家族を廃止する必要があると考えたのである。

もっとも彼らは家族一般の廃止を考えたのではなく、廃止すべきは近代家族であるとした。なお、近代家族を廃止した後、どのような人的結合体を採るべきであるかについては彼らは詳しく述べていない。

ところで、この家族廃止論をそのまま実践し、発展させたのがロシア革命であった。レーニンや他の共産党の指導者のなかにはマルクスやエンゲルスの考え方をそのまま受け継ぎ、発展させた者が見られた。

レーニンは権力を掌握した当初から、帝政ロシアのあらゆる面にわたる隷属状態から女性を解放するとし、女性を革命の事業に引き入れることが社会主義建設のためには必須の条件であると考えた。ソヴェト政府は新しい家族政策を革命のその日から始めた。一九一八年十月に出されたソヴェト最初の家族法——「戸籍、婚姻、家族および後見に関する法典」は、マルクス、エンゲルスの理論に沿った家族政策を打ち出した。

レーニンは第四回モスクワ全市非党員婦人労働者会議で、次のように誇らしげに述べた。

「勤労者の政権であるソヴェト政権は、誕生後のはじめの数か月の間に女性に関係のある法律の完全な変革をおこなった。女性を従属的地位においた法律の痕跡はソヴェト共和国には微塵も残っていない。（中略）今日我々はいささかの誇張もなしにこう言うことが出来る。すなわち男女の完全な平等の存在する国、日常の家庭生活において特に感じられる劣等な地位に女性がおかれていない国は、ソヴェトロシアを除いては世界に一つもない、と」(安藤論文より引用)

「戸籍、婚姻、家族および後見に関する法典」は、結婚に際しては当事者の「相互的かつ非強制的同意」が求められるだけで、両親の同意は必要とせず、教会の同意も必要ないとした。これによって結婚に対する宗教的な規制が廃止され、離婚の自由が確立された。夫婦のうちの一方が要求したときは裁判によって、両方が要求したときは自動的に離婚が成立するとした。また嫡出子と非嫡出子とのあいだに完全な同権を保障した。

レーニンは一九二〇年に書いた「国際労働婦人デー」という論文の中で「女性労働運動の主要任務は女性を社会的生産労働に引き入れ、〝家内奴隷制〟からすくいだし、永遠に台所と子供部屋にかかりきりの環境への屈従をしいられ、だんだん精神をねむりこまされ、卑しめられていくことから解放することにある」と述べた(安藤論文を参照)。マルクス、エンゲルスの理論を実践しようとしたのである。

同じ論文の中で、レーニンは「女性の営む家事の大部分は、もっとも非生産的で、もっとも原始的で、もっとも骨のおれる仕事である。この労役は、およそつまらぬもので、女性の進歩に役立つものはなに一つも含まない」と述べ、相変わらず女性は家内奴隷の状態に置かれ、個々の家内経済に押し潰されている。女性たちは最もこまごまとした、最も骨の折れる台所仕事と子供の世話に縛り付けられ、日々無駄な労力を使い、神経をすり減らし、精神を摩滅させている。女性たちをこの家内奴隷の地位から解放しなければならないと訴えた。

そして、女性を家内奴隷の地位から解放しない限りは、また個々の家内経済を大規模な社会主義経済に移行しなければ、女性の経済的および社会的平等を勝ち取ることはできず、女性は真に解放されないと述べた。

ソヴェト政権が取った政策を考えるうえで、一九一九年十一月の第一回全ロシア婦人労働者・農村婦人会議におけるレーニンの発言と女性党員イネッサ・アルマンドの発言は重要である。この会議の四日目に登壇したレーニンは次のように述べた。

「女性は家事の苦役におしひしがれており、彼女をこの状態からすくいだしうるのは社会主義だけである。社会主義だけが、われわれが小さな家計から共同経済へ、土地の共同耕作へとうつっていくときにだけ、ただそのときにだけ、女性は完全に自由となり、完全に解放されるであろう」(安藤論文より引用)

レーニンは社会主義体制に移行しない限り女性は解放されないと主張したのである。これを受けた形で、アルマンドは分科会の一つで「国民経済と家庭経済における女性労働者」と題する報告を行ない、女性を家事労働から解放するためには、至るところにできるだけ早く公共的な調理場、食堂、公共的な洗濯場、日常生活品の工場を造らなければならないと強調した（ポドリリャシューク『同志イネッサ』、安藤論文を参照）。今日、フェミニストが盛んに主張する「家事のアウトソーシング（外注化）」の主張である。

彼らが女性を家事労働から解放し、社会的生産活動に引き入れなければならないと主張した背景には特別の事情があった。一九一八年の夏以来、ソヴェトは反革命勢力との国内戦と外国からの反革命的な軍事干渉のなかで、総力を挙げてソヴェトを守る必要があった。そのために戦時共産主義の体制を敷いた。

国民が一人残らず労働することが要求され、女性も十六歳から四十歳までのすべてが何らかの労働に就く義務があるとされた。多くの女性たちは工場や官庁、共産党関係の仕事に就き、家庭の主婦たちも都市の清掃や雪かき、軍服の裁縫、看護など奉仕の仕事に就いたのである。

このようにすべての女性が外で働かなければならないことになったため、当然、彼女らを家事労働の負担から解放してやる必要が出てきた。そのため、従来はそれぞれの家庭が受け持っていた生活や教育の面での仕事を共同社会に移さなければならなくなった。至るところに共同住宅や共同炊事場、公共食堂、共同洗濯場、託児所、幼稚園、子供の家などが作られたが、そこにはこのような背景があったのである。

†家族は死滅する？

一九一九年三月に開かれたロシア共産党第八回大会では新たな党の綱領が決定されたが、女性解放についての党の任務を次のように提起した。

「党は、女性の形式的平等権を達成するにとどまらず、時代おくれの家内経済をコミューン家計、公共食堂、中央洗濯場、託児所等々でおきかえることによって、家内経済の物質的負担から女性を解放することにつとめている」

女性を家事から解放し、共同化するという話である。しかし、この発想は家族廃止論、消滅論、死滅論を台頭させることにもなった。ソヴェトにおける家族は過渡的なものに過ぎず、やがて家族は死滅すると考えた論者が出てきた。社会主義のもとでは家族は死滅するであろうとも考えられ、家族は古代博物館へ送られることになろうと言った者もいた。家族の廃止、家族の死滅を強調した人物にアレクサンドラ・コロンタイという女性党員がいる。コロンタイによると、共産主義社会においては家族は当然、死滅することを運命づけられている。

「古い家庭は滅びつつある。……家庭は必要でなくなった。……これまでの家庭にかわって男女の新しい共同的様式として、共産主義社会にある二人の自由で独立した、平等に働く同志的・恋愛的結びつきが生まれる」（『母性と社会』、安藤論文より引用）

コロンタイはまた恋愛、結婚、性は「私事」であり、それに対して国家は干渉すべきではないと述べた。恋愛、結婚、セックスは何ものにもとらわれないフリーな活動であるべきだと彼女は考えた。「ライフスタイルにおける自己決定権」の主張である。

コロンタイの思想を象徴するものに「一杯の水理論」というのがある。当時、私有財産を基礎とした古いブルジョア的男女関係が打破され、青年のあいだに性は自由だという風潮が広がった。彼女はこの風潮を、共産主義社会では性欲を満たすのは一杯の水を飲んで喉の渇きを癒すのと同じように小さなことだと正当化した。「性の自由化」を正当化したのである。しかし「一杯の水理論」が青年層に悪影響を及ぼしたことが指摘されるようになり、レーニンも批判するところのものとなった（水田珠枝『男性VS.女性』岩波ジュニア新書、一九九〇年を参照）。

以上のように、ロシア革命の指導者たちはマルクス、エンゲルスの理論に基づきながら、女性解放のための徹底した政策を採用した。家長権が廃止され、女性は独立した人格として男性と同等の権利を手に入れた。参政権を得、離婚の自由、財産権および親権の平等が確立された。そればかりか女性を家族制度の束縛から解放して労働者として自立させるために家事労働の共同化、保育所の設置が主張され、家族の廃止・死滅、性の自由化まで主張されたのである。

しかし、これらの政策や主張が次第に国家の屋台骨を脅かしていくことになる〔この点についてはニコラス・S・ティマシェフの論文「ロシアにおける家族廃止の試み」(一九六〇)を紹介した小田村四郎「ソ連の「革新」的な実験がもたらした大惨事」(八木秀次・宮崎哲弥編『夫婦別姓大論破!』洋泉社、一九九六年所収)を参照〕。

一九三四年ころになると、これまでの家族政策や女性政策が社会の安定と国家の秩序を脅かすものだと認識され始める。エンゲルスが描いたイギリスの労働者の惨状と同じ状況が繰り広げられ、特に青少年に性秩序や家族秩序に関する混乱が生じた。そして、それが招いた堕落と離婚の激増の結果、出生率が急減した。

また、家族関係・親子関係が弱まった結果、少年犯罪・非行が急増することになった。一九三五年には、新聞は愚連隊の増加に関する報道や非難で埋まった。彼らは勤労者の住居に侵入し、略奪したり破壊したりして、抵抗者は殺戮した。汽車のなかで猥褻な歌を歌い続け、終るまで乗客を降ろさなかった。学校は授業をサボった生徒たちに包囲され、教師たちは殴られ、女性たちは襲われた。

性の自由化と女性の解放という壮大なスローガンは逆に強者と乱暴者を結果として助け

ることになり、弱者と内気な者を痛めつけることとなった。何百万人もの少女たちの生活がドン・ファンに破壊され、何百万人もの子供たちが両親の揃った家庭を知らないということになった。

こうしたことから、ソヴェト政府は一九三四年になると従来の家族政策・女性政策を根本的に見直して、逆に家族の強化策を取った。家族の死滅論を撤回して家族の強化論を採用した。また、家族を「社会の柱」として再強化した。妊娠中絶を禁止し、離婚手続きを複雑化させた。さらに子供の保育・教育における両親の責任を増大させた。家族が基礎的単位として重視され、女性は自由な市民としてよりは母親・母性として尊重されるようになったのである。

このようにロシア革命後、マルクス、エンゲルスの理論を実践したがために生じた様々な弊害を受けて、スターリン時代になってそれらを根本的に見直したのである。家族尊重と母性保護の規定を持つスターリン憲法はこのときの政策転換の所産である。

†「男女共同参画」とは何か

アトム的「個人」を求める発想は女性の家族制度からの解放に飽き足らず、今日では遂に「性別からの自由」に行き着いた。「男であること」「女であること」からも解放を求める主張が現在、叫ばれている。これはあらゆる属性を排したという意味で究極の「人権」主張と言うべきものである。その主張の名を「男女共同参画」と言う。

今日、この性別からの解放を求める「男女共同参画」の主張はすでに法制化されている。「男女共同参画社会」の実現を目的として平成十一年（一九九九）六月に制定された「男女共同参画社会基本法」の前文は、「男女共同参画社会」を次のように定義している。

「男女が性別に基づく固定的な役割分担意識にとらわれず、各人の個性と能力を発揮できる社会」

表現が抽象的でわかりにくいが、ポイントは「男女が性別に基づく固定的な役割分担意識にとらわれず」という部分にある。同様の思想を「性別にかかわりなく」と表現することもあるが、これはいわゆる「ジェンダー・フリー」の発想を表現したものである。「男女共同参画」とは「ジェンダー・フリー」のことである。

「ジェンダー」とは「社会的・文化的に作られた性差」を言うとされる。わかりやすくいえば「男らしさ」「女らしさ」、また、そこから派生した「父性」「母性」を言う。「ジェンダー・フリー」とはこれらをフリーにする、白紙に戻し、否定することを言う。つまり「男女共同参画」とは「男らしさ」「女らしさ」を解消することである。

一般には、「男女共同参画」と聞いて「ジェンダー・フリー」と捉える人は少ない。「男女共同参画」とは男女がお互いに尊重し合い、女性が働きやすい環境をつくる程度のことだと捉えている。しかし、それは〝麗しい誤解〟と言うべきものである。

「男女共同参画＝ジェンダー・フリー」とは男女の区別自体を「差別」であると否定し、男女の区別をする意識、男女の区別に基づいたあらゆる制度・慣行を敵視して、その解消・解体なくしては「真の男女平等」は実現できないとする発想である。

ここにわかりやすい例がある。千葉市の男女共同参画課が発行する広報誌「ハーモニーちば」平成十二年（二〇〇〇）八月号に、カタツムリがインク瓶に登っているイラストとともに次のような文章が添えられている。

「カタツムリは、雌雄同体。〝結婚〟すると、両方の個体が土の中に白くて小さな卵を産みます。同じ一匹で雄の気持ちも雌の気持ちも良くわかるなんて、ちょっぴりうらやましいような……」

つまり「ジェンダー・フリー」とは雌雄同体、雌雄の区別がつかないカタツムリのような生き物に人間をしてしまおうという発想なのである。そして従来の男女の性別意識を取り払い、世の中を改変してしまおうという発想なのである。

「ジェンダー・フリー」を提唱したのはフランスの唯物論的（すなわち共産主義的）フェミニスト学者クリスティーヌ・デルフィである。デルフィは「男らしさ」「女らしさ」という社会通念が縦型の階層性そのものを意味していると主張し、「ジェンダー」という分割線の解消なしには女性差別は解消できないと主張した。つまり生殖機能以外のすべての性差の解消なしには真の男女平等は実現できないと主張したのである。

この発想はすでに我が国の政策にも導入されている。「男女共同参画社会基本法」の成立をうけて、首相の諮問機関「男女共同参画審議会」は「男女共同参画計画策定にあたっての基本的な考え方」という答申（平成十二年九月二十六日）を提出しているが、そこには次のように記されている。

「わが国の社会制度・慣行の中には、性別による固定的な役割分担を前提とするものや、それ自体は明示的に性別による区別を設けていない場合でも、男女の置かれている立場の違いなどを反映して、結果的に中立的に機能しないものが残されている。こうした社会制度・慣行について、男女共同参画の視点に立って見直していく必要がある」

すなわち「ジェンダー・フリー」の立場からわが国の社会制度・慣行を見直し、根本的に改めるというのである。

「男女共同参画審議会」が答申のなかで見直すべき社会制度・慣行として挙げているのは、まずもって夫婦や世帯を一つの単位としてとらえる家族観である。また、それを反映している夫婦同姓や税制、年金、企業の手当における専業主婦の優遇措置である。答申はこれらの制度や慣行を今後十年以内に見直し、世帯を一つの単位とする家族観を改めて社会構造を個人単位とするものに変革する必要がある、男女の区別や性別役割意識のない社会を実現すべきだと言っている。

答申は家族観の変革というものが家族否定につながるのではないかという批判に配慮してか、「男女共同参画社会は個人を尊重する社会であって、もとより家族を否定するものではない」と一応は述べている。

しかし、ここで否定しないと言っている「家族」とはシングルマザーなどの単親家庭や、場合によっては単身者をも家族と見なす（「ひとり家族」！）いわゆる「多様な家族」のことで、従来の夫婦や世帯を一つの単位として捉えるものではない。あくまで個人を単位とするもので、これは明らかに家族の共同性（絆）を重視した従来の家族観の変革ないし否定を意味する。その意味では、家族の否定ではないといっているこの答申の表現は詭弁である。この点、答申の内容は近代家族の廃止を提唱したマルクスやエンゲルスの主張と符合するものがあると思われる。

答申には、女性に対する暴力について「個人的問題として矮小化されることもあるが、むしろ家庭や職場など社会における男女の固定的な役割分担、経済力の格差、上下関係など、わが国の男女が置かれている状況や過去からの女性差別の意識の残存に根差した構造的問題として把握し、対処していくべきである」と、「ジェンダー・フリー」を実現すれば女性に対する暴力が根絶できると述べている。

これは奇妙な認識である。もし女性に対する暴力が「構造的問題」であるのであれば、女性に対する暴力は世に蔓延しているはずである。また、暴力は女性から男性へというものもあれば、同性カップル、特に女性から女性へというものもあることがアメリカなどでは報告されている。

こういう論理の飛躍した、「ジェンダー・フリー」になりさえすればすべて解決するかのような物言いは、「はじめにジェンダー・フリーありき」「何がなんでもジェンダー・フリーを」という政治的意図があってのことではないかと推測される。

確かに男性から「男らしさ」の意識がなくなれば、女性への暴力はもちろん男性同士の暴力沙汰もなくなりはするだろう。しかし、それは男性を精神的に去勢することである。

最近では「暴力」の概念もどんどん拡大している。夫や恋人からの暴力、いわゆるドメスティック・バイオレンス（DV）のなかには「経済的暴力」と称して、「妻の就労を嫌がる」「家事に支障のないパートしかさせない」「大きな買い物の決定権を渡さない」などが挙げられている。しかし、これのどこが「暴力」なのであろうか。話はどんどんエスカレートしている。

†ジェンダー・フリーの立場

今日では国の「男女共同参画社会基本法」のみならず、地方自治体でも「男女共同参画条例」なるものが次々に制定されている。法律や条例の文言は抽象的で分りにくいが、「ジェンダー・フリー」が具体的に何を意味するのかを教えてくれる格好の資料がある。

平成十二年（二〇〇〇）十月に「男女共同参画条例」を制定した三重県では同年三月に、県の教育委員会自ら編集・発行した『ハーモニー　共に生きるなかま』と題された二十ページからなるジェンダー・フリー教材を刊行している。小学五年生の「道徳」の副読本として使われることを目的としたものである。

その一ページ目に、ともに短髪で一方が半ズボン、他方が長ズボンを穿いた「ひかる」と「かずみ」という（つまり外見からも名前からも男女の区別がつかない）二人の子供のイラストが描かれている。

そこには大きくゴシック体で「「男らしさ」?」「「女らしさ」?」と記され、「男らしさ」「女らしさ」という意識を持つこと自体に疑問を抱かせた上で「みなさんは、家庭や学校での生活の中で、「男らしく」とか「女らしく」とか言われたことはありませんか?／ひかるさん、かずみさんといっしょに考えてみましょう」と畳み掛ける。

次のページでは「女の子だから赤いランドセル」という意識を持つことに疑問を抱かせ、三ページ目では「あなたのこだわり度は？」として「男の子は泣いてはいけないと思う」「運動場で遊ぶときは男の子と女の子に分かれているのがいいと思う」「児童会の会長は男の子のほうがふさわしいと思う」「男の子は手芸クラブに入らない方がいいと思う」「女の子はサッカークラブに入らない方がいいと思う」「男の子はピンクの服を着ないほうがいいと思う」「拭き掃除は女の子のほうが上手だと思う」「男の子はあやとりで遊ばないほうがいいと思う」「裁縫や料理は女の子に向いていると思う」「重いものを運ぶ仕事は男の子に任せたほうがいいと思う」「女の子はおとなしいほうがいいと思う」「男の子はおしゃれをしない方がいいと思う」という全十二項目からなるチェックシートを掲載している。

この全項目について、それぞれ「はい」「いいえ」の空欄に○を付けさせるようになっており、妥当な項目を織り交ぜながらも、全体としては男女の区別意識を持つこと自体を「固定的な性別役割意識」にとらわれた「こだわり度」として否定させ、生活の具体的なレベルでジェンダーの意識を解消させようと誘導する（この種のジェンダー・チェックは各地にあり、東京都の外郭団体、東京女性財団が作ったものが知られている）。

また「このマンガへんだぞ」と題して、「マンガ、テレビ番組、ゲーム、ＣＭなどの中で、「あれ？　へんだぞ」と思うことはありませんか？　下の「あれ？　へんだぞカード」

を使って調べてみましょう」とメディアなどに表れた男女の区別意識をチェックしてみようとけしかける。

子供たちを男女の区別意識のない中性的な存在に育て、あたかも文化大革命時の紅衛兵のように仕立てておいて、彼らに「ジェンダー・フリー」の立場から社会全体を思想統制させようとしている。ここにも明らかなように、「男女共同参画＝ジェンダー・フリー」とは「男女平等」や「男女共生」とまったく似て非なる発想である。「男女平等」「男女共生」が男女の性差を前提としたうえでお互いを人格として尊重し合う考えであるのに対して、「男女共同参画」は男女の性差自体を否定し、男女を同質にしようという極めて特殊な発想である。

この特殊な発想が教育の場で、しかも肉体的な性徴が表れ、意識においても男女の区別を意識し始める小学校五年生の、あろうことか「道徳」の時間に教えられ、子供たちに強制される事態は尋常ではない。教育を通じて子供たちをまさしくカタツムリのような雌雄同体の生物にしようというのである。

平成十三年（二〇〇一）二月二日付『朝日新聞』夕刊に、神奈川県大磯町の町立中学校で新しい校歌が作られたことが紹介されている。五十年近く歌い継がれた旧校歌が歌詞の一部に男女平等の精神に反している部分があるとの指摘が生徒からあり、今回、新しい歌詞にしたというものである。

旧校歌は地元の人が作詞したもので、歌詞の中に「おのこ我ら励まざらめや、おみなご我らたおやかに伸びん、おのこ我ら名をし立つべし、おみなご我ら清らかに生きん」という表現があった。これが男女の役割を決めているようだ、固定的な性別役割意識が表れている、「ジェンダー・フリー」の視点から問題だということになり、新しい校歌を生徒たちが作ることになったというのである。

新しい校歌には、「本当の自分を見つめて」「そのやさしさ抱きしめて」というB級ニューミュージック紛いの軽薄な歌詞が付けられた。「ジェンダー・フリー」の立場から校歌が〝検閲〟を受けた例である。また、同じ発想から公立の男子高校、女子高校の廃止と共学校への転換が現在、各地で推進されている。

「男女共同参画」は男女の性別意識を払拭し、これによって女性が働きやすい環境を整備するとするが、女性が社会的生産に携わり、経済的に自立して「家内奴隷」状態から解放されることを提唱したエンゲルスの理論を背景にしている。

ところで、子供を産む性である女性が社会的生産に携わった場合、子供は誰が育てるのかという問題が生じるが、これについてエンゲルスは「すべての子供の世話を社会がみる」との答えを用意している（『家族・私有財産・国家の起源』）。今日、仕事と子育ての両立をという掛け声の下に働く女性のために保育園が次々に作られている。ここで言う「育児の社会化」の思想的淵源はエンゲルスの発想にある。

また、今日、女性の社会的生産への参加を促し、「育児の社会化」を正当化するために〝三歳児神話〟ということが言われている。三歳までは親が育てるのが望ましいという考えは〝神話〟に過ぎないとして、否定的に扱おうという主張である。しかし、三歳までは（もしくはそれ以降も）親が育てるのが望ましいという主張には根拠があることが最近、脳科学の領域から言われるようになってきた。

脳科学者の澤口俊之氏は、人間は生物のなかでも未熟に生まれて来るが、そのなかでも日本人をはじめとするモンゴロイドは他の人種に比べても未熟なまま生まれて来るので、時間をかけて成長させる必要がある。そのためには親が手をかけて育てる必要があり、そうしなければ本来育つべき前頭連合野（前頭葉）が未発達となり、社会的な行動、公共的な振る舞いができなくなると指摘している（『幼児教育と脳』文春新書、一九九九年。澤口氏は脳の発達のためには八歳まで母親が家にいることが望ましいと述べている）。

今日の青少年のさまざまな荒廃現象は、澤口氏の言うように前頭連合野の未発達によるものと考えると納得がいく。そうであるなら、「男女共同参画」ないしフェミニズムの発想が今日の青少年の荒廃現象を関接的に招いたとも言えるのではないだろうか。

同じく脳科学の分野では、『話を聞かない男、地図が読めない女』（A・ピーズ／B・ピーズ著、藤井留美訳、主婦の友社、二〇〇〇年）や『脳が決める男と女　性の起源とジェンダー・アイデンティティ』（サイモン・ルベイ著、新井康允訳、文光堂、二〇〇〇年）に見られるように、脳の構造は生まれながらにして男女で違いがあるのだという見解が出されている。

フェミニストは「男らしさ」「女らしさ」を〝作られた性差〟というが、脳科学によればそれらは生まれながらの性差に基づくものであると言うのである。そうだとすれば、「ジェンダー・フリー」の発想は人間の生まれ持った構造まで無視して頭の中で作り上げた観念を押し付けようというもので、「人間不在の主張・理論」というべきものであろう。

†外注化される家事・育児

さきに「ジェンダー・フリー」の提唱者はクリスティーヌ・デルフィだと指摘したが、実はさらに先駆者がいる。十九世紀フランスの「空想的社会主義者」シャルル・フーリエである（この点についてはブノワット・グルー『フェミニズムの歴史』山口昌子訳、白水社、《新装復刊》二〇〇〇年、原著は一九七七年を参照）。

フーリエは家族を単位とする小農経営の存在が生産力を阻害し、個人の自由を妨げ、社会を混乱させる要因だとみて、調和ある社会を実現するためには家族制度を廃止し、その代わりに「ファランステール」と呼ばれる、男女各一六二〇人からなる農業共同社会の建設を提唱した。

「ファランステール」では各人が男女を問わず、それぞれの能力・要求に応じて社会集団、生活集団に組織されるとされた。まさに「ジェンダー・フリー」な社会である。また、そこでは一夫一婦制は無意味となり、恋愛や結婚は従来の拘束から解き放たれて、女性だけでなく男性も解放されると考えられた。いつでも解約可能な契約による任意結婚や、共同体が育児の責任を負う家庭生活、風俗の自由が提唱され、夫婦が「二組、三組、あるいは四組」で交際することが可能となるとされた。

家族が廃止されたこの共同社会では、千五百人の料理女を置く代わりに料理センターを、千五百人の仕立屋の代わりに一つの共同作業所を設置することが提唱された。料理、育児、裁縫……が外注化（アウトソーシング）され、自由に選択した活動を行なう余暇を確保するために、女性は各人の台所で毎日十個のジャガイモを個々に剝くという無駄な時間を過ごすことはないとされた。

また「女性がそろって母性的傾向があり、そろって小さい子供の世話に熱心であるとは限らない」とフーリエは考えた。「ファランステール」では男女がともに同じ教育を受け、同じ経験を分かち合い、同じ職業の準備をする。そのためには各自が何の拘束もなく成長することが肝要であるから、「幼年時代からスカートとズボンという対照的な衣服で男女を区別すること」を避けるとされた。「ジェンダー・フリー」教育の実践である。

ご覧の通り、フーリエが提唱した「ファランステール」には今日、「男女共同参画」を提唱している人たちが主張している政策があらかた実現されている。まさに絵に描いたような理想の「ジェンダー・フリー社会」である。

実はこのフーリエの構想を継承したのが、さきにも見たマルクスとエンゲルスであった。そして一部を現実に政策化したのがレーニンであり、コロンタイなどは「性の自由化」の主張などを継承したのである。ちなみに家族政策、女性政策については「フーリエはマルクスやエンゲルスより過激だ」と評価されているのである（『フェミニズムの歴史』）。つまり「男女共同参画」とはフーリエが提唱し、マルクス、エンゲルスが継承して、レーニンが現実に政策化したものの、後に手痛い目に遭い、スターリンが撤回したところの一連の理念ないし政策のことなのである。

さて、これが結果としてどのような社会をもたらすのかについては、すでに見たようなソヴェトにおける壮大な実験の結果がある。ここでも我々が学ぶべきは「理論」ではなく、観念の所産を実践したために立ち現れるに至った「大惨事」ともいうべき「現実」のほうではないのかと思われるのである。

おわりに

いつも乗る電車の窓から何気なく外を見ていたら「21世紀は「人権の世紀」です」という文字が飛び込んできた。公共施設の壁面に掛けられた垂れ幕の文字である。

圧倒的多数の人はこれを無意識に見過ごしていることだろう。そのくらい、今日、「人権」という言葉は日本語として一般的なものとなっている。また「「人権の世紀」? 結構なことではないか」と好感をもってこの垂れ幕を見ている人もいるだろう。

しかし、そのうちのどれだけの人が「人権」という言葉を正確に理解しているだろうか。もとより「人権の世紀」が一人ひとりが大切にされ、生きているのが嫌にならない時代の到来という意味であるなら何も問題はない。むしろ大変結構なことだと思う。おそらくこの垂れ幕の文字を好感をもって眺めている人の多くも、「人権」を一人ひとりが大切にされるという意味で理解していることだろう。

しかし、「人権」はもともとそのような意味合いの言葉ではない。

「人権」とは文字通り「「人間」の「権利」」のことである。これは人びとから、その担っている歴史・伝統、その有する宗教、その属する共同体等々、あらゆる属性を取り払って、まったく無機質で丸裸の「個人」に還元したうえで、そのような存在としての「人間」、それが有する「権利」のことを言ったものである。

また、何より「権利」とは、「正しさ」「正義」を力でもって勝ち取るという〝闘争の論理〟を前提とした概念である。「人権」はこの両者が合わさった概念なのである。

従来、人びとが自己の「正しさ」や利益を主張するに当たって、自己を振り返る指標となっていたのは、歴史の教訓であり、祖父からの伝承であり、これまでの慣習や道徳であり、宗教的な戒律であり、共同体の中における相互の人間関係というものであった。人びとはこれらに自己の主張を照らし合わせながら自己の主張の妥当性を推し量ってきたのである。

しかしながら、アメリカ、フランスの両革命を経て確立した「「人間」の「権利」」としての「人権」においては、それら制約の機能を果たしてきたすべての要素が否定され、「権利」に本来的に伴う〝闘争の論理〟だけが残されている。

「「人間」の「権利」」としての「人権」は〝制約の原理〟を持たず、自己の「正しさ」や利益を何によっても制約されることなく、力ずくでもって主張する〝闘争の論理〟を有するものとなったのである。

本書の中でも紹介したように二十世紀を代表する政治哲学者ハンナ・アレントは「人権」が意味するのは「何が正であり何が不正であるかの基準を与えるのは……人間それ自体であって、神の戒律でも自然法でも伝統によって聖化された過去の慣習や道徳でもない、ということ以上でも以下でもない」（『全体主義の起原』）と指摘している。「人権」はすべての属性を取り払った無機質の「人間」に善悪の判断基準が委ねられてしまう概念だと言っているのである。

このアレントの指摘を待つまでもなく、「人権」とは疑うべからざる無謬の原理であるどころか、概念自体にもともと多くの問題を有する概念なのである。「人権」とは、人びとからあらゆる属性を排除して丸裸の「個人」に還元したうえで、その「個人」の意思に〝制約の原理〟を働かせることなく、そのまま「正しさ」のお墨付きを与えてしまう概念である。

本書でも指摘したように、「人権」が援用された主張がエゴイズムに陥るのは、そもそもこの「人権」の概念自体にその原因があるのである。

冒頭に触れた二十一世紀が「人権の世紀」であるとする垂れ幕は、もちろん今世紀がエゴイズムの世紀であるということを是認するものではなかろう。しかし、「人権」は否応なくエゴイズムを是認し、またそればかりか歴史を否定し、家族や学校などの共同体を解体に導き、秩序を混乱させるような政治的主張をも肯定するものである。

そのような意味で今世紀が「人権」の世紀であるとするならば、御免被りたいと思うのは私一人だけではないだろう。

それでは人びとが自らの「正しさ」を主張するに当たって、それがエゴイズムに陥らず、真に常識的に節度あるものであるためにはどうすればよいのか。

「人権」はその主体を「人間」であり、あらゆる属性を必要としない自律した「個人」と想定している。

しかし現実の人間はそのような自律した強い存在ではない。多くの場合、自らを価値についての唯一の判断基準とするほど完成された存在でもなければ、他に依存し、影響を受けるという意味では弱い存在でしかない。

その未完成で弱い存在の意思を、どんなものであれ、そのまま正当化してしまうのが「人権」であるが、私たちはその主張がエゴイズムに陥らないようにするためには一人ひとりの意思を、高尚なものたらしめるよう努める必要があるだろう。

そのためには何より、「人権」の概念に本来的に欠けている、歴史・伝統、宗教、共同体といった要素、すなわち歴史の教訓や父祖からの伝承、これまでの慣習や道徳、宗教的な戒律、共同体の中における相互の人間関係、こういったものに今一度目を向けて、それらに照らし合わせて自己の主張の妥当性を検証してみなければならない。

さらには「人権」を主張するに先立って、主張する主体の「人格」を陶冶する必要がある。つまり道徳教育の必要である。私たちはこれまで「人格」なしの「人権」主張を是認し、道徳教育なき「人権」教育に邁進してきた。しかし、そのために今日、社会が荒廃し、液状化を招いたのだと気付くべきではないだろうか。

私たちはもう「人権」という言葉に怯える必要はない。「人権」という概念が有しているイデオロギーを正確に理解した上で、その問題性や限界を知りつつ、付き合えばよいのである。「人権」という言葉に惑わされることなく、それぞれの主張の妥当性を歴史や伝統に根差した知恵、我々の社会の道徳や倫理、共同体における相互の人間関係、これらを総合したものという意味での〝国民の常識〟に照らし合わせて個々具体的に判断すればよいのである。

本書がその書名を「反「人権」宣言」としたのは、そのような意味で今日の私たちが「人権」の呪縛から解放され〝国民の常識〟に還るべきことを説くためである。

本書執筆の動機は、ここ数年、いろいろな場面で繰り広げられる「人権」を援用した様々な主張に対する私自身の違和感を言語化することにあった。

特に「子どもの人権」に振り回され、学校の秩序さえ確保することのできなくなった教育現場、凶悪な犯罪を起こしながらも「少年の人権」の名の下にあまりにも寛容に処遇され、それをよいことに狼藉を働く少年たち、そしてそれを援護する「人権派」の大人たち、「女性の人権」を振り回して公然と家族の解体を唱え、母性を否定するフェミニストたち、これらに対する違和感はどこからくるのか、それを確かめたいというのが執筆の動機だった。その意味では、本書は私自身の「人権」に対する違和感の確認作業の成果である。

また、具体的な場面で「人権」に違和感を覚えながらも、言語化できず、有効な対抗の論理も持ち合わせてないために、「人権」を持ち出されるとただただそれに怯え、ひれ伏してしまいかねない多くの人たちに、「人権」の素姓を明らかにすることで「人権」への対抗の論理を提供することにあった。

それが本書において成功しているか否かは読者の判断に委ねるほかはないが、「人権」のイデオロギーをある程度まで剔抉できたのではないかと思っている。

本書は大きく二部構成からなっている。第一部は「『人間』の権利」としての「人権」という概念が誕生するまでの歴史をたどったものである。これを通じて「人権」が如何に特殊なイデオロギーに基づいた概念であるかが明らかになることであろう。

第二部は私自身が「人権」に違和感を覚えた具体的な問題について、詳細な検討を加えたものである。具体的には「子どもの人権」に振り回される教育現場の問題、「少年の人権」と少年法制の問題、家族と「人権」の問題、女性の「人権」の問題を論じたものである。これらの検討を通じて読者は具体的な場面において「人権」を援用した主張に対する反駁の論理を得ることができるだろう。

なお、本書には数多くの文献を引用し、また執筆に当たっても多くの先行研究を参考にさせて頂いた。しかし特殊な文献は何一つなく、すでに文庫などになって読み継がれている基本的な文献ばかりである。本書は基本文献を読み解くことで得られた見解を示したもので、「反「人権」宣言」という一見奇抜な書名に反して奇矯なことは何一つ主張されていない。常識的なことを奇矯な書名をもって主張せざるを得ない現代という時代の悲哀をご理解頂ければ幸いである。

本書は筑摩書房編集部の湯原法史氏なくしては生まれなかったものである。私の書くものに目をとめられ、「反「人権」宣言」という書名で「ちくま新書」から本を出すよう企画を持ち掛けられたのは、今から二年前のことである。元来怠惰で遅筆の私がこうして出版に漕ぎ着けられたのは、湯原氏の粘り強い励ましと名伴走のお陰である。ここにあらためて御礼申し上げたいと思う。

本書が我が国の現状を憂う多くの皆さんに日本社会建て直しのための論理と示唆を与え

ることができれば著者として幸せである。

平成十三年五月十一日　我が子三人の賑やかな声が聞こえるなかで

八木秀次

ちくま新書
298

反「人権」宣言

二〇〇一年六月二〇日　第一刷発行

著　者　八木秀次（やぎ・ひでつぐ）

発行者　菊池明郎

発行所　株式会社　筑摩書房
東京都台東区蔵前二-五-三　郵便番号一一一-八七五五
振替〇〇一六〇-八-四一二三

装幀者　間村俊一

印刷・製本　三松堂印刷　株式会社

ちくま新書の定価はカバーに表示してあります。
ご注文・お問い合わせ、落丁本・乱丁本の交換は左記宛へ。
さいたま市櫛引町二-六〇四　筑摩書房サービスセンター
郵便番号三三一-八五〇七
電話〇四八-六五一-〇〇五三

ISBN4-480-05898-2 C0212

ちくま新書

ちくま新書